オンラインでも アイスブレイク！

不慣れな人もほっと安心

ベスト50

青木 将幸
Marky online meeting facilitator

ほんの森出版

はじめに

　みなさん、こんにちは。オンライン会議ファシリテーターの青木将幸（マーキー）です。

　「家族会議から国際会議まで」、いろいろな会議を進行するのが仕事です。2003年に日本で初めての会議ファシリテーター専門事務所を立ち上げて17年、毎日のように会議・話し合い・ワークショップなどの進行をしてきました。しかし、2020年2月、新型コロナウイルスの感染が拡大。非常事態宣言が出され、人々が集まって話し合いができない状況に。すべての仕事がキャンセルとなりました。会議が行われないと、会議ファシリテーターって本当に役立たずですね（しょぼん）。

　暇になった私は、伝染病の歴史などに関する本を何冊か読み、「新型コロナの影響は長引きそうだな」と思いました。「いつか元に戻るだろうなどと思っていてはいけない」と直感し、2020年4月1日に「ファシリテーター廃業宣言」を出しました。リアル会議のファシリテーターとしての17年間の経験をいったん捨てて、「オンライン会議ファシ

リテーター」として、一から出直すことを決意したのです。オンライン会議が持つ「人が移動しなくてもよい」という利点は大きく、新型コロナが収束しても、オンライン会議の活用は続くとも思いました。

　そこからZoomなどのオンライン会議ツールを猛勉強しました。恥ずかしながら「オンラインで会議や研修会なんかしても、リアルにはとうていかなわない」と思い込んでいましたので、それまでまったく手をつけてこなかったのです。見よう見まねでさまざまなオンラインの場にチャレンジし、たくさん失敗もしながら経験を積み重ねてきました。

　2020年12月現在、仕事の95%はオンライン会議のファシリテーションや導入支援をしています。企業、行政、NPOはもちろん、大学、生協、社会福祉協議会、JICA（国際協力機構）、お寺、美術館、スキューバダイバーの人々の集まり……。小学校の朝の会から、大手ビール会社の新入社員研修に至るまで、さまざまな組織のオンライン会議や研修会をお手伝いする日々です。

　文中のイラストは、ファシリテーション・グラフィックでおなじみの志賀壮史さん（NPO法人グリーンシティ福岡）に担当していただきました。楽しいイラスト、ありがとうございます！

この本では、オンラインでの会議や研修会、授業など、人々が集まるさまざまな場で使えるアイスブレイクを50種類、紹介します。

50のアイスブレイクは、以下の6つに分けて紹介しています。

Part 1	初めての人にも安心！	
	オンライン会議ツールに慣れながらアイスブレイク	
Part 2	話せるきっかけをつくる！	
	お互いの理解を深めるアイスブレイク	
Part 3	オンライン疲れもぶっとばせ！	
	体を動かすアイスブレイク	
Part 4	お互いの力を引き出そう！	
	チームワークを高めるアイスブレイク	
Part 5	ほっとひと息！	
	緊張がほぐれるアイスブレイク	
Part 6	終わりよければすべてよし！	
	解散時に使えるアイスブレイク	

　Part 1 では、オンライン会議に慣れていない人が、「そうか、オンライン会議ツールは、こんなふうに使えるんだ！」と機能に慣れながら、同時にアイスブレイクの効果があるものを集めています。オンライン会議ツールに慣れていない人は、まだまだ大勢います。そして、慣れていない人は緊張していることが多いわけです。「不慣れな自分のせいで周りに迷惑かけたら申し訳ない」と思うのは、日本人の代表的なメンタリティです。オンライン会議ツールに不慣れな人こそ、ほぐしてあげて、安心して交流できるようにしたいものです。

　Part 2 では、お互いの理解を深めるためのアイスブレイクを紹介しています。ちょっとしたきっかけをつくることで、お互いの理解が深まっていきます。初対面の人が集まる場合は「あぁ、今日はこんな人が集まっているんだ」ということを把握できるだけで、ひと安心でき

るものです。

「オンライン会議は疲れる」という声もよく聞きます。四角い画面の前に同じ姿勢で何時間も座っていたら、それは肩も凝るし目も疲れるでしょう。そんなときは、Part

3の体を動かすアイスブレイクのどれかを試してみてください。体がほぐれると、心もほぐれます。「オンラインだからこそ、意識して体を動かす」、これがポイントです。

リモートワークが増えて、「職場としての一体感がつくりにくくなった」という声もよく聞きます。Part4では、チームワークを高めるアイスブレイクを紹介しています。みんなで協力して1つのことを成し遂げるタイプのアイスブレイクは、チーワークの向上に役立ちます。

Part5では、途中で「ほっとひと息つける」アイスブレイクを紹介しています。短い時間でできて、みんながほぐれる工夫がいろいろあります。個人的には「ネコ紹介」が気に入っています。

Part6では、会の終盤に行うとよいアイスブレイクも紹介しています。オンラインで時間を積み重ねていくなかで「できてしまったアイス」というものがあります。それらを最後にブレイクすることで、「本音を話すことができてよかった」という声もよく聞きます。

コロナ禍の影響で、世の中のあちこちに「アイス」が生じているように感じています。オンラインでも、対面でも、社会のいろいろな場面で見られる「アイス」を、一緒に「ブレイク」していきましょう！

2020年12月吉日　早朝

青木 将幸

も・く・じ

はじめに … 2
プロローグ　オンライン会議を成功させるコツは？ … 9

Part 1　初めての人にも安心！
オンライン会議ツールに慣れながらアイスブレイク

1 ○○さん、ようこそ … 18
2 せーので、こんにちは … 20
3 エアー・キャッチボール … 22
4 1・2・3　ダー！ … 24
5 ○×ジェスチャー … 26
6 好物は何ですか？ … 28
7 調子はどう？ … 30
8 「うちのこ」画面共有 … 32
9 接続機材アンケート … 34

Part 2　話せるきっかけをつくる！
お互いの理解を深めるアイスブレイク

10 一人一言（チェック・イン） … 38
11 今日の元気度100 … 40
12 好きな風景 … 42
13 だいたい半分アンケート … 44
14 私のお宝紹介 … 46
15 お宅拝見 … 48
16 オンライン名刺をつくろう！ … 50
17 つながりマイクリレー … 52

Part 3　オンライン疲れもぶっとばせ！
体を動かすアイスブレイク

18　画面の四隅 … 56
19　30秒選手権 … 58
20　じゃんけんワーイ … 60
21　あいこじゃんけん … 62
22　オンライン借り物競走 … 64
23　手裏剣ごっこ … 66
24　ぺんぎんたいそう … 68
25　オンライン鬼ごっこ … 70

Part 4　お互いの力を引き出そう！
チームワークを高めるアイスブレイク

26　リレーで歌おう … 74
27　ハッピーバースデー … 76
28　私は誰でしょう？ … 78
29　漢字連想人物あてクイズ … 80
30　ワンワード … 82
31　チャットでビッグナンバー … 84
32　となりのとなり … 86
33　オススメ返して自己紹介 … 88

Part 5　ほっとひと息！　緊張がほぐれるアイスブレイク

34　今日のおやつは？ … 92

35 言われてうれしかった言葉 … 94

36 １分をあてよう… … 96

37 イントロ・ドン！ … 98

38 Today's Music … 100

39 Zoomでズーム … 102

40 喜怒哀楽コール … 104

41 草木のちから … 106

42 ネコ紹介 … 108

43 ドリンク・トーク … 110

Part 6　終わりよければすべてよし！
解散時に使えるアイスブレイク

44 一人一言（チェック・アウト）… 112

45 感じていること円グラフ … 114

46 放課後タイム … 116

47 名無しの感想タイム … 118

48 キャンドル・トーク … 120

49 お手を拝借 … 122

50 鐘ひとつ … 124

あとがき … 126

カバー・表紙・本文イラスト：志賀壮史

プロローグ
オンライン会議を成功させるコツは？

「アイスブレイク」ってなあに？

　慣れない場所に行ったときや、初めての人同士が出会ったときの、ある独特な緊張のことを「アイス」ととらえ、それらをほぐす「ブレイク」する工夫のことを「アイスブレイク」と呼んでいます。
　ちょっとしたゲームやひと工夫で、硬くなりがちな雰囲気がほぐれ、活発に意見交換がしやすくなります。それはオンラインでの集まりでも同様です。特に、参加者がオンラインに慣れていなかったり、苦手感がある場合は、それだけでかなりなアイスが発生します。そんなとき、オンラインで使えるアイスブレイクを知っていると、緊張をほぐして、みんなで集中して本題に入っていきやすい状況をつくることができます。
　アイスブレイクが必要なのは、そこにアイス＝緊張感があるからです。では、どんなときにアイスは生まれるのでしょうか？　ちょっと思い起こしてみてください。みなさんは、どんなときにアイスになり

がちですか？

　ふだんは何の問題もなくできていることも、例えば「では、いまから撮影して、お手本としてYouTubeにアップします。全世界の人たちに見ていただきましょう」と言われたとしたら、緊張感が増したりしませんか？　あるいは、周りが自分とは違う流派の方々がおそろいのなか、「どれ、おたくの流派のやり方とやらを見せてもらいましょう」みたいな雰囲気になると、ちょっと緊張感が増したりもします。あるいは野球の試合で、「決勝戦の９回裏、２アウト満塁、おまえのバットにすべてがかかっているんだ！」と言われたら、どんな気持ちになるでしょうか？

　孤独、疎外、注目、失敗、評価、不慣れ、周りからの否定などがあると、緊張が生まれ、不安になる人が多いようです。

　つまり、アイスブレイクというのは、こういう感じをぶっ飛ばせればいいわけです。「あぁ、私一人じゃないんだな」という確認ができる「6 好物は何ですか？」や「13 だいたい半分アンケート」などを実施しながらほぐしていくのは、このためです。

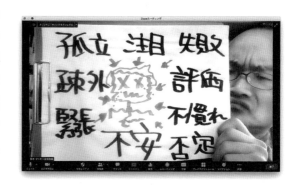

　最近、Googleなどの世界的企業が大切にしている概念として「心理的安全性」が注目されています。これは「私はここにいていいんだな」と

それぞれが感じ、思い切って自分の意見を言えたり、交わし合える土台をつくることです。オンラインでも、アイスブレイクを活用しながら、安心して提案できたり、失敗できたり、意見交換できる場づくりをもっと増やしていきたいと思います。

オンライン会議を成功させるコツは？

「自分の言っていることが、相手に伝わっているのかな？」と不安に思う人が多いのが、オンライン会議の特徴です。「相手の反応が読み取りにくい」という声もよく聞きます。

そんなこともあり、私がオンラインで場を始めるときに必ず伝えるのが、「反応をちょっと豊かめに返そう」ということです。これがオンライン会議を成功させる随一のコツだと、最近思っています。

例えば「うなずく」というのは、とても

重要なアイスブレイクになります。「相手の話がこちらに伝わってきたよ」と思ったら、うなずいてあげましょう。すると「あぁ、私の話が通じたんだな」と、ほっと心がほぐれます。

また、オンライン会議ツールは同時発声を処理するのが難しいという特徴があります。ですから、相手の発言を聞いたときに声で返すのではなく、うなずきなどのジェスチャーで返してあげたり、反応ボタンで「いいね」という気持ちを伝えてあげたりするのが有効です。あるいはチャットに「私もそう思います」とか「それ、いいアイデアですね」と書き込んでもいいでしょう。

人は、自分が言ったことに何の反応もないと、ちょっと不安になります。自分の発言に関心を持ってもらえなかったのかなと、気落ちする人もいます。そこで、ちょっと豊かめに、あるいは相手にわかりやすく反応を返してあげることが肝心です。反応をちょっと豊かめにすることで、オンラインでも双方向の活発なやりとりが軌道に乗っていくのです。

　また「オンライン会議は雑談をしにくい」とか「横のつながりが生まれにくい」という話もよく聞きます。本題について集中して話し合うには向いたツールなのですが、ちょっとした雑談から相手のことを理解するには、ひと工夫いりそうです。そのためにも、「17 つながりマイクリレー」や「25 オンライン鬼ごっこ」「46 放課後タイム」など、横のつながりや雑談を促進するアイスブレイクを身につけておくのは１つの方法だと思います。

オンライン会議ツールはどれを使う？

　私がこれまでに使用したことがあるオンライン会議ツールは、Zoom、Skype、Microsoft Teams、Google Meet、WebExです。スマホ中心での少人数の集まりでは、LINEやFacebookのビデオ通話を活用することもあります。

　現段階で個人的に圧倒的に使いやすいのはZoomです。仕事の８割はZoomを使用しているので、この本でもZoomでの使用を前提に書いています。ただし、Zoomは政府関係機関や企業によっては使用禁止のところもあります。他のツールをお使いのみなさんは、申し訳ないのですが、文中の表現をうまく読み替えていただければと思います。

　2020年の末になって、Microsoft TeamsやGoogle Meetでブレイクアウトルーム機能（小グループに分かれて意見交換ができる）が実装されてきたので、これから使い勝手も増してくると思います。みんなが使いやすいツールに成長してくれるといいですね。

ちなみに、Zoomはパソコンを前提に開発されたツールです。タブレットやスマホで参加する人には、いくつか機能制限があります。例えば、1画面に現れる顔の数をとっても、スマホでは最大4人の顔しか見られません。タブレットでは3×3の9名だったり、4×4の16名。パソコンでは通常5×5の25名の顔が見られ、性能の高いパソコンでは7×7の49名を1画面に表示可能です。

　つまり、パソコン利用の人のほうが使い勝手がよく、有利な状況です。アイスブレイクを行う際は、「スマホ参加の人には4人しか見えていない」ということを念頭に置いて、そのことを配慮したうえで行う必要があります。

　ちょっとしたゲームをするにしても、機材が高性能の人が有利で、そうでない人が不利だと、一緒に楽しめないかもしれません。その場に集う全員が、一緒に参加でき、楽しめてこそのアイスブレイクです。画面にたくさんの人が見えてなくても楽しめるルールに修正したり、スマホの人が楽しめるようなハンディキャップをつけるなど、うまく工夫したいものです。

最高のアイスブレイクは？

　みなさんにとって、これまでに体験したアイスブレイクで最もよかったものは、どんなものですか？　ちょっと思い出してみてください。そして、それが「なぜよかったのか？」を掘り下げると、アイスブレイクの達人へのヒントがあるかもしれません。

　私の場合、最高のアイスブレイクは35歳のときに訪れました。忘れもしない2011年のことです。3月11日に東日本大震災があって日本中が大変だった半年後、大型の台風12号が紀伊半島全体に豪雨をもたらしました。私の出身地の熊野地方でもたくさんの家が洪水被害にあい、幾人もの人が亡くなりました。即座に災害ボランティアセンターが立ち上がりました。故郷のために何かしたいと思ったので、仕事を

いくつかキャンセルし、身支度を調え、現地に向かいました。

　洪水の被害はすさまじく、地上３階建ての建物がすっぽり水につかった様子もうかがえました。多くの民家は床上浸水。特に被害が大きかった地域に入って、濡れた畳を出したり、泥を掻き出すボランティアに、はせ参じたわけです。

　現地に向かう途中、ちょっと心がザワついていました。あまりに様相が変わってしまった故郷の風景に動揺していたり、初めて出会う人々とうまくボランティア活動ができるか、いつになく緊張感がありました。

　災害ボランティアセンターには受付があって、そこで係のオジサンがスコップの整理などをしていました。見るとだいぶ年配の方で、70歳くらいだったと記憶しています。もしかしたら彼も、いちボランティアなのかもしれません。

　私が近寄ると、「おっ、兄ちゃん、ボランティアしてくれるんか？受付はここやでぇ」と手招きしてくれます。「まずはボランティア保険の申込書を書いて」と言われたので、住所や年齢を書いて提出しました。すると、そのオジサンが「おおーーっ、奇遇やな！」と紙から顔を上げて言います。どうしたのかな？と思っていると、にっこり笑って、「実はな、俺も昔35歳やったわ！」と言ってくれました。

　この一言で緊張は一気にほぐれ、「えー、そら、そうですよねぇ！」と笑ってしまいました。それから、オジサンが35歳だったころ、まだ子どもが小さくて大変だったとか、若いころはこう見えてもやり手だったという話が聞けて、すっかり緊張がほぐれたのです。

　アイスブレイクというのは、何もゲームのようなものだけとは限りません。「相手に興味を持って、共通点の１つでも見つけ話してみよう」という気持ちこそが、最高のアイスブレイクを生むのかもしれないと思ったエピソードでした。

　こういうオジサンのように、自然とアイスブレイクできるように年を重ねていきたいものです。いまでも最高のアイスブレイク体験とし

て、心に刻まれています。

この本で紹介するアイスブレイクについて

この本で紹介する50のアイスブレイクのうち、青木自身が考案したのは5分の1程度です。大半は、さまざまなオンライン会議や研修会で出会ったみなさんに教えていただいたものです。

新型コロナウイルスの感染が拡大して以降、「オンラインで使えるアイスブレイク100連発！講座」をオンラインで開催してきました。そこでは朝から晩まで、みんなでアイスブレイクを紹介しあうのですが、そこでの経験も大きくこの本に役立っています。誰に教わったかがはっきりとたどれるものに関しては、「教えてくれた人」として紹介させていただいています。

オンライン会議や研修会でアイスブレイクを提供したあと、「このアイスブレイクを活用するのに許可はいりますか？」とよく聞かれます。そんなときは、「どうぞ自由に、自分なりにアレンジして使ってください」とお伝えしています。

私自身、たくさんの先人たち、友人たちから教わったものを、アレンジさせていただいています。「これは私が開発したから、他の人には勝手に使わせないぞ」と閉じるのではなく、みんなで知恵を出し合い、自由にアレンジして、交流しながら高め合う、オープンソースの時代に突入しているように思います。

ただし、いくらオープンソースでも、もととなるアイデアを思いつき、開発し、教えてくれた先人たちに敬意を忘れないことが肝要だと思います。本書でも、掲載許可の諾否や修正すべき個所をお聞きしました。ステキなアイスブレイクを教えてくださったみなさん、本当にありがとうございました。

この本をお読みのみなさんも、どうぞご自身流にアレンジして活用してください。その際、本書の宣伝もお忘れなく（笑）。

オンラインで使えるアイスブレイク100連発！講座

最後に「アイスブレイク100連発！講座」について紹介しておきます。

2003年に青木将幸ファシリテーター事務所を立ち上げたときから開催している、アイスブレイクに特化した集合研修

会です。いろいろな分野のファシリテーター、教師、コーチ、インタープリター、組織のリーダーなどが集まって、自分が知っているアイスブレイクを、どんどん紹介し、体験しあう会です。2020年には「オンラインで使えるアイスブレイク100連発！講座」と、オンラインに特化したアイスブレイクの体験会を5回ほど開催しました。毎回15〜20名ほどの参加者が集い、1日で20〜40個近いアイスブレイクを紹介・体験しあいます。

モットーは「失敗OK！　パクリOK！　思いつきOK‼」です。誰かがやっていたアイスブレイクを自分なりにアレンジしたものや、その場で思いついたアイスブレイクも実験的に紹介しあっていくのです。例えば、「39 Zoomでズーム」は、「リアルでやってきたアイスブレイクをオンラインに応用するのではなく、オンラインならではのアイスブレイクって、考えられないかな？」という意見交換の流れのなかで生まれたものです。

「オンラインで使えるアイスブレイク100連発！講座」を開催希望の方は青木までご連絡ください。いつでもオンラインで実施可能です。

Part1

初めての人にも安心！

オンライン会議ツールに慣れながら
アイスブレイク

1 ○○さん、ようこそ

効果：接続確認ができる・ほっとする・関係性が生まれる
時間：5分
準備：参加者名簿など
人数：5〜25人程度

「あっ、私のこと、ウェルカムされているな」と感じたとき、人はほっと安心できるものです。

まずは、オンライン会議に到着したみなさんに、歓迎の気持ち＝「ようこそ。参加してくれてありがとう」を伝えましょう。

①ホスト（主催者）は、少し早めに開場して、参加者の到着を待つ。1人目の参加が見えたら「田中さん、おはようございます。ようこそご参加くださいました。本日進行します青木です。よろしくお願いします」などと声をかけてみよう。

②すると、「あっ、おはようございます。お願いします」などと返ってくる。マイクの使い方に慣れていない方には、（Zoomの場合だったら）「左下の『ミュート解除』とあるボタンを押すと、こちらにお声が聞こえるようになりますよ」などと伝える。

③次の参加者が来るまで、天気の話、季節の変化、近況などの軽い話題でつなぐ。「Zoomなどのオンライン会議ツールはよくお使いになりますか？」など、簡単で答えやすい質問をするのもよい。「あまり慣れてないので……」などと返ってきたら、「みんなで、だんだん慣れていけるといいですね」などと応じて次の参加者を待つ。

④2人目、3人目と到着したら「山本さん、ご参加ありがとうございます。川口さんも、ご到着ですね。お部屋の本棚がかっこいいです

ね」などと声をかけていく。いずれの参加者にも、「ウェルカム」が伝わるようにしたい。

* 自分の名前を呼ばれると「あっ、私も大切な一員として、この人に認知されたんだな」と感じます。オンライン会議を成功させるコツは、〈できるだけ名前を呼んであげること〉です。名前を呼ぶときは、温かく、ウェルカムの気持ちを込めたいものです。
* 参加者が初めての人ばかりのときは、画面に表示された名前と参加者名簿などを照合しながら、名前を確かめるかたちで名前を呼びます。
* 「ようこそ」の挨拶をするだけで、その人がどれくらいオンラインに慣れているか、今日は調子がよさそうか、気持ちが閉じているかなど、いろいろなことが感じ取れます。それも大事なことです。
* このアイスブレイクは、接続確認も兼ねています。うまくマイクに接続できない人、カメラの設定ができずになかなか映らない人がいたりします。そうすると参加者はドギマギして、さらに緊張してしまうものです。親身にアドバイスしたいところです。
* 何度も顔を合わせた間柄の場合は、「柴犬のリッキーくんもお元気ですか？」「お母さんも元気？」など、ペットや家族の近況をうかがうのもありです。

2 せーので、こんにちは

効果：オンライン会議ツールに慣れる・みんなで声を出せる
時間：1分
準備：特になし
人数：何人でも

　オンライン会議ツールのメインの機能である「マイクのON・OFF」を使ったアイスブレイク。これをやると、みんなの一体感が生まれるだけでなく、それぞれが「ミュート」と「ミュート解除」を使いこなせるようになります。

①「おそろいのようですので、始めましょうか。みなさん、ようこそ！それでは、まず一緒に挨拶をしましょうか。画面の左下にある『ミュート』、あるいは『ミュート解除』のボタンはわかりますか？　これを押すとマイクのON・OFFが切り替えられます。ミュートというのはマイクをOFFにすることです。『ミュート解除』のボタンを押すことで、みなさんのマイクはONになって、他の全員に声が届きます」と基本的な説明をする。

②「それでは、みなさん、全員ミュートを解除して、マイクをONにしてください。せーので〈こんにちは〉と言ってみましょう。同時発声でどうなるか、楽しんでくださいね。では、せーの！」と促す。

③「こんにちはー」（大合唱）。「はーい。ありがとうございます。こうやって同時に発声しても、けっこういろいろな声が聞こえますね。一部の人の声が遅れて聞こえたりもしていたかな」などと伝え、感想を言い合う。

④「カフェや道路そばなど、周りが騒がしいところから接続していた

り、自分の声をみんなに伝えたくないなと思う方は、どうぞ『ミュート』にしてください。マイクがＯＦＦになります。その方は、自分が発言するときにはミュートを解除して、マイクをＯＮにしてくださいね」などと伝える。

⑤「では、みんなで挨拶できましたので、本題に入っていきましょう」などと言って、本題に入っていく。

＊ごくごく単純なアイスブレイクですが、みんなで声を出せるし、楽しいし、ミュート機能にも慣れることができる、おすすめのアイスブレイクです。

＊オンラインの集まりによっては、「参加者は全員ミュート」を推奨する場合もあります。私の友人のファシリテーターは「マイクはミュートに、リアクションはキュートに！」と言って始めるそうです。私個人としては、「へぇー、そうなんだ」「おもしろーい」「なるほどー」などのあいづちやつぶやきを聞きながら進めたいので、可能なかぎりマイクをＯＮにしてもらっています（ノイズが入る方には、ミュートをお願いすることもありますが、なるべくリアルタイムのやりとりをしたい）。

＊「それでは次に『ハロー』『ニイハオ』『ボンジュール』『おばんです！』など、いろいろなお国の言葉で挨拶してもいいですよ」とやると、なお楽しいアイスブレイクになります。

3 エアー・キャッチボール

効果：カメラ機能に慣れる・名前を呼べる関係性をつくる・体を動かす
時間：5分
準備：特になし
人数：5〜20人程度
教えてくれた人：いつも元気で学びパワーにあふれる「よこぴい」さん

　野球の基本はキャッチボールです。相手に向かって声をかけて、ボールを投げる。相手からのボールをきちんと受け取る。1対1の基本的な「やりとり」ができるからこそ、チームプレーができるわけです。
　このアイスブレイクは、「名前を呼んで、ボールを投げる」というシンプルなものですが、アイスブレイク効果の高いものです。カメラのON・OFFを使いこなすことにもつながるので一石二鳥です。

① 「みなさん、ウォーミングアップに、キャッチボールでもしましょうか。野球選手も試合の前には必ずキャッチボールしますよね。と言っても、本物のボールを投げるわけにはいかないので、エアー・キャッチボールです。ここにボールがあると思って、投げたり、受け取ったりして遊びましょう」と始める。
② 「まずは私からボールを投げてみますね。Aさん、ちょっと協力してもらっていいですか？　ボールをこうやって画面に向かって投げますので、キャッチしてください。Aさん、マイクのミュートを解除して、声を出せるようにしてください」とお願いする。
③ 「はい、受け取りますよ」とAさんから声が返ってきたのを確認して「えい！」と投げる。「おー、Aさん、上手にキャッチしてくださって、ありがとうございます。次はどなたかの名前を呼んで、その方にボールを回してもらえますか？」と伝える。

④すると「じゃあ、Bさん、いきますよー」と言って投げる。Cさん、Dさんと、何人か回ったところで「一度ボールを受け取った人は、カメラをOFFにしてあげましょうか。左下の『ビデオの停止』のボタンを押すとカメラがOFFになります。そうすると、大人数を画面に映せないスマホやタブレットの人にも、〈まだボールをもらってないのは、この人か〉と見つけやすくなりますよ」とお願いをする。

⑤全員回るまでやって、「全員にボールが回ったようですので、『ビデオの再開』のボタンを押してカメラをONにし、戻ってきてください。今日もお互いに声を出して、いいチームワークでいきましょう」などと伝え、本題に入っていく。

＊ボールを投げる相手のマイクのミュートが解除されたのを確認してから投げるようにしましょう。
＊慣れてきたら「ボールを速く投げてみて」とか「重いボールにしてみよう」などと、遊んでみてもおもしろいです。
＊このアイスブレイクを教えてくれたよこぴぃさんは、最後に「みんなに私から一斉にボールを投げるよ」と言って、たくさんのボールを派手に投げるふりをし、そのあと「みんなから、私に一斉に投げ返してきてー」と言ってぼこぼこにボールに当たるという遊びを展開して、とっても楽しかったです。
＊エアー・キャッチボールで、心のキャッチボールもできるし、お互いの名前を呼べるのもいいですね。

4 1・2・3　ダー！

効果：お互いの接続環境を知ることができる・元気になる
時間：1分
準備：特になし
人数：何人でも

　オンラインの集まりにネットワーク遅延はつきもの。参加者それぞれの機材の性能や通信環境の違いで、ちょっとずつ遅れて聞こえたり見えたりしているようです。「そんな違いがあるんだな」ということを、楽しみながら共有できるアイスブレイクです。

①「オンラインでこうやって、みなさんとやりとりできるって、すごいことですね。パソコンやスマホなどが、まずは自分の画像や音声を収録して、それを即座にインターネットに送り、お相手全員の画像や音声データを取り込んで、即座にそれを再生しているわけです。みなさんそれぞれの機材の性能やインターネット環境が異なるので、人によって多少のネットワーク遅延があってもおかしくないわけです。そこで、簡単で楽しいネットワーク遅延調査をやってみましょう」などと始める。

②「元気があれば何でもできる！で有名なアントニオ猪木さんのかけ声をお借りして、〈1・2・3　ダー！〉とやりましょうか。私が〈1・2・3〉まで言いますので、みんなで〈ダー！〉と拳を元気よく天に突き上げてください。これを同時にやることで、どれくらいネットワークの遅延が起きているか見た目にもわかりますよ。準備はいいですか？」と確認して、大丈夫そうなら……

③「では、始めます。元気ですかー？　元気があれば、何でもできる！

1・2・3　ダー!」

④「おお、同時に手が挙がった人が6割ほどいましたね。ちょっとゆっくりだった人もいました。ほんのちょっとの差ではありますが、〈これくらいのネットワーク遅延はあるぞ〉ということがわかりましたね。みんなでお互いの通信環境をなんとなく理解しながら、元気を出してやりとりしていきましょう」などと言って、本題に入っていく。

＊本格的に気合いを入れたい方は、赤いマフラーを用意しましょう。赤いマフラーを巻くだけで、場がなごみます。
＊参加者が、アントニオ猪木にさほどなじみがなさそうなら、日本酒のCMのように「1・2・3　まる」でもいけます（もっとなじみないか……）。

5 ○×ジェスチャー

効果：オンラインの特性を知る・体を動かす・意思疎通をはかる
時間：2分
準備：特になし
人数：何人でも

　オンラインの集まりを成功させるコツは「反応をちょっと豊かめに返すこと」です。でも、大人数が声で返事をしてしまうと、音声がバッティングしてしまうので、ジェスチャーで応じるのがスムーズです。

　オンライン研修会や会議の最初に、反応を豊かに返すためのジェスチャーの練習をしてみましょう。

①「みなさん、こんにちは。オンライン会議がうまくいくコツは、〈反応をちょっと豊かめに返すこと〉です。なぜかというと、オンライン会議のツールは、〈自分の言っていることが、画面の向こうの相手に伝わっているかどうか〉がわかりにくいからです。なので、もしも相手が何か言って、それが聞こえたり、わかったよ、と思ったら、〈うんうん〉とうなずいてあげてください。あっ、さっそくみなさん、うなずいてくれていますね。うなずいてもらえると、とても話しやすいです」と伝える。

②「では、オンラインで使い勝手のよいジェスチャーを、いくつか練習しましょう。例えば、何か資料を見せたときに、〈この資料、見えていますか？〉と聞かれたとします。見えたよ、というときはOKのジェスチャーをしてみましょうか。はい、そうですね。カメラの前で親指と人差し指で○をつくればOKサインです。もっと大きくできる人は、両手で頭の上に大きな○をつくってみましょう。あぁ、

いいですね。体も動かせて、肩こり防止にもなります。みなさん、やってみてください。はい、とても上手です！」と言って、○のジェスチャーを練習する。

③「じゃあ、次は、×のジェスチャーをしましょう。うまく資料が見えないときとか、声が聞こえないときもあります。〈反対〉とか〈ちょっと無理〉の意思を表明するときにも使えますよ。両手の人差し指を交差させて×です。そうです、みなさん、いいですねー。これも大きく両腕で×をつくると、より伝わりやすい反応になります」。「Aさん、大きく×ってできますか？　はい、ありがとうございます」など、うまく伝わっていない人、動けていない人には、個別に声をかけてもよい。

④「みなさん、上手にジェスチャーできました。他にも手を挙げて〈挙手〉とか、親指を立てて〈いいね〉とか、誰かがいい発言をしたら〈拍手〉とか、いろいろなジェスチャーで豊かな反応をしてみてください。カメラがOFFの人やジェスチャーが苦手な方は、オンライン会議ツールには『反応ボタン』がありますので、これである程度代用することもできます。〈拍手〉とか〈いいね〉とか〈ハート〉などがあります。みなさん、押してみましょう。はい、ばっちりでーす。お互いに少し豊かめに反応しながら、オンラインでの話し合いを始めていきましょう」などと言って、次の活動につなぐ。

＊カメラを通じて、自分の体が相手に見えているということを確認する基本のアイスブレイクです。

＊人によっては、まるで自宅でテレビを見るかのように、じーっと画面を見ている人がいます。その人に「あっ、私も参加しているんだ」「自分も意思表明していいんだ」と、主体性のスイッチを入れるのがジェスチャーの練習です。

6 好物は何ですか？

効果：チャット機能に慣れる・ほっとする・お互いを知ることができる
時間：3分
準備：特になし
人数：何人でも

　オンライン会議ツールに必ずある「チャット」機能に慣れるアイスブレイクです。参加者みんながチャット機能を使えると、双方向でのやりとりが増え、主体的に参加しようという気持ちが高まります。簡単にできて、楽しくお互いを知ることができ、しかもチャット機能に慣れることができるおすすめのアイスブレイクです。

①「それではさっそく始めていこうと思います。オンライン会議ツールを使い慣れている人も、そうでない人もいらっしゃるようなので、簡単に機能紹介も兼ねながらいきましょう。『チャット』というボタンが見つかりますか？　パソコンの人は画面の下のほうにあります。スマホやタブレットの人は、右側にある『…』の『詳細』のなかに隠れていますよ。ここに文字を打ち込むと、全員に文字情報をお届けすることができます。私から〈こんにちは〉と入れてみますね」と言って例を示す。

②「はい、みなさんの画面に〈こんにちは〉が届きましたね？　こんな調子で、文字を打ち込むと即座にみなさんにお届けできるわけです。では、練習で〈好物は何ですか？〉の答えを、みなさんに書いていただきましょうか？　私は〈イカとビール〉が大好物です。ビールは毎日飲んでいますよ。そのおつまみに最高なのは、やっぱりシーフード、特にイカが好きです。みなさんは、何がお好きです

か？　書いてみましょう」などと例示して促す。

③「おー、素早い人がさっそく書き込んでくれています。Aさんは納豆、Bさんは赤福もち、Cさんは日本酒とサバの味噌煮ですか、最高ですね。Dさんは餃子！　いいですね。Eさんは、二郎系のラーメンですか。あのボリュームのあるやつですね。Fさんは……」などと、書いてくれたチャットの文字を、素早く読み上げる。

④「チャットの書き方がわからない人は、画面に向かって手を振ったり、声を出したりしてくださいね。Gさん、どうしました？　文字を書いているのに送信されない。それでは改行キー、エンターキーを押してみましょうか。はい！　来ました。〈唐揚げとハイボール〉、サイコーの組み合わせですね！」など、困っている人をサポート。

⑤「ものの1〜2分で、ずらりと好物が並びましたね。オンライン会議ツールは、同時に複数の人が発言すると聞こえにくくなってしまいます。でも、チャットでは同時に何人もが打ち込めます。これをうまく使えば、効率的にオンラインで意見交換ができますね。このあとも質問や感想、気づいたことなど、どしどしチャットに書き込んでくださいね」と言って、本題に入っていく。

＊子どもからお年寄りまで、どなたにも「好物」はあるものです。多様な答えが返ってきますし、好きな食べ物について話しているときは、人は自然と笑顔があふれます。導入にぴったりのアイスブレイクです。

＊これをやると「チャットって書いていいんだ」「こうやって書けるんだ」ということがよくわかりますし、その後の交流もしやすくなります。

7 調子はどう？

効果：名前の変更の操作に慣れる・お互いの呼び名や調子がわかる
時間：3分
準備：初参加者が多いときは名簿など
人数：5〜25人程度

　参加者の名前を呼ぼうにも、画面にみなさんの名前が正しく表示されていないことがしばしばあります。iPhoneとかAndroidなど、機種名でログインしている参加者もいます。初めてオンライン会議に接続した方は、「名前の変更」すらままならないこともあります。

　そこで「名前の変更」の操作に慣れながらのアイスブレイクをすることで、慣れている方も、そうでない方も、一緒に交流を楽しむことができます。

① 「それでは始めましょうか。オンラインの集まりを成功させるコツは、〈できるだけ名前を呼んであげること〉です。お互いが名前を呼びやすくするために、名前の表記を整えましょう」と言って始める。
② 「Zoomの場合、みなさんの画面の下のほうにカーソルを動かすと『参加者』というボタンがあります。ここを押すと、今日のオンライン会議に参加している人の一覧が見られますので、押してみましょう。はい、たぶん1番上に自分の名前があって、以下、他の参加者のお名前がずらりと並んでいることと思います。なかにはiPhoneさんとかAndroidさんとか、機種の名前になっている人がいるので、お互いが呼びやすいように、名前の表記を変えてみましょう」などと提案する。
③ 「それでは、まずは〈呼んでほしいお名前／所属〉にしてみましょ

う。できますか？　そうそう、〈れいこ／たんぽぽ会〉とか〈田中／
○○小学校〉とか、いい感じです。困っている人がいたら手を挙げ
てくださいね。サポートします」などと言って、みんなができるま
で手伝う。

④「はい、これで、お互いの名前を呼ぶことができるようになりまし
た。ありがとうございます。さらに追加で、もうちょっと遊んでみ
ましょうか。名前と所属の間にスラッシュ／を入れてもらいました
が、ここに絵文字を入れてみましょう。元気な方は〈晴れ〉と入力
して変換しますと☀が出ますよ。逆に調子の悪い人は〈雨〉☂、ま
ぁまぁの人は〈くもり〉☁と、それぞれの調子を天気の絵文字１つ
で表してください。雪や雷も出せますよ。休憩したくなった人は、
途中で〈コーヒー〉☕や〈ソフトクリーム〉🍦を出してもＯＫです。
いろいろ楽しんでくださいね」

⑤「おや、元気そうな人もいますが、くもりの方、雨の方もちょっとい
ますね。Ａさんはもうビールマークが出ていますね。明るいうちか
ら一杯やりたい気分でしょうか？（笑）　はい、それではお互いの気
分もわかって、名前も呼べるように整ったところで、本題に入って
いきましょう」などと言って、次の活動に移る。

＊絵文字については、「レッツ絵文字（https://lets-emoji.com）」というサ
イトがまとまっています。どの機種でも見ることができる絵文字の
表記をコピー＆ペーストできます。

＊「名前の変更」を使いこなせるようになると、一言も発することなく
〈山本＊＿＊のどが痛い〉〈りょうこ＠回線不安定でカメラＯＦＦ〉
〈たかし／残り10分〉などと、状態を伝達できるので便利です。

8 「うちのこ」画面共有

効果：「画面共有」の機能に慣れる・お互いのことを知るきっかけに
　　　なる
時間：5分
準備：特になし
人数：5〜20人程度

　オンラインで接続していると、ときどき画面の背後に子どもが入り
込んできたりします。親としては「ご迷惑になるから」と思うのか子
どもを遠ざけようとするのですが、周りの参加者は「わぁ、かわいい」
とか「さすが親子、似てますね」などと、いい感じのアイスブレイク
になることもしばしばあります。
　そこで、「画面共有」の機能を使って、こんなアイスブレイクをつく
ってみました。

① 「本題に入る前に、『画面共有』のやり方を紹介しておきます。
　Zoomでは画面中央の下にある緑のボタンがそれです。この『画面
　共有』の機能を使うと、パワーポイントでもワードでも写真ファイ
　ルでも、手元にある電子データをみなさんに見せることができま
　す。今日はこの機能を使って『「うちのこ」画面共有』というのを練
　習でやってみましょう」と誘う。
② 「やり方は簡単です。このなかで、自分の子どもや孫、あるいはペッ
　トなど、大事にしている『うちのこ』の写真をみなさんに画面共有
　で見せてくださるボランティアを数名募集したいと思います。どな
　たか、協力してもらえますか？　『画面共有』に慣れるチャンスです
　よ」と協力者をつのる。
③ 「おお、3人ほど手が挙がりましたね。ありがとうございます。やり

方を簡単に説明します。まずは、Zoomをいったん離れて、みんなと共有したい写真の目星をつけます。そして、その画像ファイルを開いておきましょう。Zoomに戻ってきて、『画面共有』のボタンを押します。そこで共有したい画像を選んで『共有を開始する』のボタンを押します。まずはAさん、やってみてもらえますか？ わからないことがありましたらサポートしますね」と伝える。

④すると子どもや孫やペットの写真が出てくるので「かわいいですね」「おいくつですか」などおしゃべりをして楽しむ。

⑤「『画面共有』をバシバシ使いこなせたら、オンライン会議ツールに慣れたも同然です。必要な書類やデータを即座にみんなと共有して、いい話し合いをしていきましょう」などと言って本題に入っていく。

＊「画面共有」は難しいと思った年配の方が、「めんどくさいから、うちの自慢の妻を連れてきます」と言って、実際に奥様を連れてきてくれたことがあります。奥様は「いつも主人がお世話になっています」と深々おじきをされ、場がほっこり。これもまた、とてもいいアイスブレイクとなりました。

Part1 オンライン会議ツールに慣れながらアイスブレイク

9 接続機材アンケート

効果：投票機能に慣れる・お互いの接続環境への配慮ができる
時間：3分
準備：事前にアンケートを作成する
人数：10～100人程度

　オンライン会議ツールとテレビとの大きな違いは「使用している機材によって見えている画面が違う」ことです。パソコンで参加している人と、スマホで参加している人とでは、まったく違う画像を見ていることになります。

　そこで、どんな機材で接続しているかを尋ねるアンケートから始めると、どんな機材で接続していても「受け入れられている」感じが伝わり、場の雰囲気が柔らかくなります。「投票機能」に慣れることもできます。

① 「本日はご参加ありがとうございます。オンライン会議ツールは、接続の機材によって見えている画面が異なります。いまから、ちょっとしたアンケートをとるので、答えていただけますでしょうか？」と言って、投票機能を使ってアンケートの設問を出す。

②「はい、本日の接続機材についてのアンケートです。選択肢はパソコン・タブレット・スマホですね。そのどれにも当てはまらない人は〈その他、テレパシーなど〉を選択してください。ときどき、テレパシーでつないでくださっている方に出会います（笑）」と言って、選択肢を提示する。

③「はい、だいたいお答えいただいたようなので、結果を共有しますね。パソコンの方が62％、タブレットの方が11％、スマホの方が27％でした。ご協力ありがとうございます。今日はテレパシーの方はいなかったようです」などと結果を確認する。

④「ご協力ありがとうございました。Zoomの場合、『ギャラリービュー』にすると、スマホの方は最大4名、タブレットの方は最大9名、パソコンの方は通常25名が1画面に映せる人数です。今日ご参加の6割がパソコンからですが、そうでない人が4割ほどおりますので、お互い、接続環境の違いを理解しながら進めていきましょう」などと、お互いの接続環境の違いについて軽く解説をする。

⑤「オンライン会議では、こういう投票機能を使うことで、即座に参加しているみなさんの意見や実情を把握して、共有することができます。投票機能をうまく使いながら、このあとも進めていきますね」などと言って、次に進む。

＊Zoomの場合、現時点で「投票機能」が使えるのは有料アカウントのユーザーで、スケジュール済みミーティングである必要があります。また、設定で投票を有効にしてから活用することになります。

＊グーグルフォームなど、他にも無料のアンケートフォームがありますので、それらを活用するのもいいと思います。

＊「投票機能」を使ってのアイスブレイクでは、「オンライン飲み会をしたことがありますか？　未経験・数回あります・しょっちゅう飲んでます」という質問も好評です。

Part2

話せるきっかけをつくる！

お互いの理解を深める アイスブレイク

10 一人一言（チェック・イン）

効果：それぞれのいまを感じ合える・名前と顔を知ることができる
時間：10〜20分
準備：特になし
人数：5〜20人程度

　オーケストラが本格的な演奏をする前に、チューニングをしたり、軽い「音出し」をするのを見たことがあります。オンラインでの集いも同様に、それぞれの参加者から声を出してもらう瞬間が大事だと感じています。このアイスブレイクをすることで、集い全体のチューニングが進むことを何度も経験しています。

①「では、始めるにあたって、みなさんからお名前と一言ずついただけたらと思います。一言は、〈いま、どんな気持ちなのか〉とか、〈こんな時間を過ごしたいな〉とか、〈今日はこんなことを扱いたいな〉など、それぞれがいま感じたり考えたりしていることをお話しくだされればと思います」などと始める。

②「それでは、少し深呼吸していただいて、〈あっ、私、話せるな〉と支度が整った方から手を挙げて、お話しください」と言って、心静かに、待つ。

③しばらく沈黙が続くようなら、それもまたよし。沈黙を味わう。そして、誰かが手を挙げたなら「はい、Aさん、どうぞ」と促す。

④「みなさん、おはようございます。Aです。いま、ちょっとドキドキしています。今日の話し合いでは○○について、ちょっと突っ込んだ意見交換が必要だと思っていて、私はその部分の担当なので、ドキドキです。どうなるのかな……。まぁ、みなさん、よろしくお願

いします」などと、発言がある。
⑤「Aさん、ありがとうございます。そうですか、ドキドキですね。どうぞよろしく」などと受け取って、「では、お次、整った方はどうぞ」などと促していく。全員が話し終わったら、おしまい。

＊いわゆる「チェック・イン」と呼ばれることもあるアイスブレイクです。ゲームっぽいアイスブレイクではないので、地味な印象もあると思います。しかし、これを実施すると相互理解が深まり、確実に人と人との距離を縮めてくれます。私は大切な集まりだとこのアイスブレイクを選択することが多く、鉄板ものだと思っています。時間を気にせず、じっくりと各自の一言を聞いていくように進行しています。多少時間がかかりますが、その価値は十分にあります。

＊「チェック・イン」はシンプルな構造のためか、進めるファシリテーターや場によって、まったく質の異なる時間となります。奥が深いなと感じます。ここでは、発言の順番が決まっていない様式を紹介しました。私は、その人が「ここだ」というタイミングで発言できる、このスタイルが好きです。でも、このような様式が苦手な方もいます。〈名簿の順〉や、〈住んでいる場所で北から順番に〉などのように、発言の順番を示すパターンもあります。また、〈1人目が話したら、その人が次の人を指名する〉というリレー方式もあります。

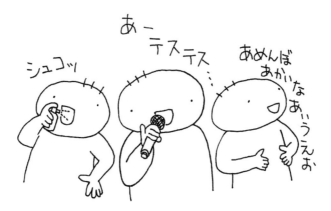

Part2 お互いの理解を深めるアイスブレイク

11 今日の元気度100

効果：みんなの元気度がわかる・お互いの調子を知ることができる
時間：5分
準備：各自が紙とペンを用意
人数：何人でも
教えてくれた人：元気で楽しい学習塾の先生「ボンバー」さん

　人は調子のいいときもあれば、そうでないときもあります。浮き沈みのあるのが人生ですね。

　オンラインで一緒に時間を過ごす仲間たちが、〈いまどれくらい元気なのか〉を確認してからスタートしたいときには、このアイスブレイクがおすすめです。

①「おはようございまーす。今日も1日、やっていきましょうね。みなさん、調子はどうですか？　見た感じ、元気そうにも見えるけど、どうかな。お手元に紙とペンはありますか？　じゃあ、それを使って、今日の元気度を書いてみましょうか。100点満点で書きます。とっても元気な人は100、熱があって咳も出ていてぜんぜん元気じゃない人は、例えば20とか、自分の元気度を数字で表してみましょう。体調は問題ないけど、さっき親とケンカしちゃって元気度50とか、そういう人もいるかもしれません。では、書いてみましょう。もしも書けたら、なぜ、その数字にしたのか、その理由も一言どうぞ〜。〈60、寝不足でーす〉とか」などと例示し、時間をとる。
②「書けたかな？　じゃあ、カメラに向かって見せてください。おー、こんな感じですか。100点の人も何人かいるけど、みなさん、それぞれですね。Aさんは60点だけど、あー、〈ちょっと風邪気味でのどがつらい〉って書いていますね、お大事に。Eさん、20点かぁ、

だいぶん低いねぇ、どうしたかなぁ、あとでお話聞かせてください
ね」と、それぞれの元気度の数字を読み上げていく。

③「それぞれの元気度、わかりましたか？　お互いの元気度を少しで
もわかっておくと、〈あの人、今日は調子よくないんだな。サポート
してあげよう〉などと動きやすくなりますね。お互いの様子がわか
ったところで、今朝のプログラムに入っていきましょう」などと言
って、本題に入っていく。

＊このアイスブレイクを教えてくれたボンバーさんは、ふだんは学習
塾で教えています。このアイスブレイクを教えてくれた場で、「元気
度が低い子がいた場合、みんなの前で詳細を尋ねますか？」との質
問が出ました。「書いた人の特徴や性格、状況などをよく考えて、そ
の場で聞くか、あとで個別に確認するかの判断をします。人によっ
ては、元気度が低いことをみんなに知ってほしいという表明のとき
もあります」とのこと。「あぁ、オンラインでも細やかな運営をして
いるなぁ」と感心しました。ボンバーさん自身もさまざまな講習会
で「体調を数字で言う」というアクティビティを体験し、それをオ
ンラインでも応用しているそうです。

＊後日、「数字を出したあと、グループに分けて話すバージョンにする
のはどう？」とうかがうと、「コンディションの話なので、ネガティ
ブな状況をあまり詳しく話したくない人もいるだろうから、グルー
プで話し合う時間をとったことはありません」とのこと。なるほど
と思いました。

＊紙とペンが用意できていない場合でも、指の本数で0～10を示して
もらい、〈元気度〉を聞くことができます。

＊〈元気度〉だけでなく〈理解度〉や〈納得度〉も聞くことができま
す。いろいろなアレンジが考えられそうです。

お互いの理解を深める

Part2 お互いの理解を深めるアイスブレイク **41**

12 好きな風景

効果：その人となりがわかる・楽しい雰囲気ができる
時間：15分
準備：各自が紙とマジックペンを用意
人数：5〜25人程度がやりやすい

　オンラインでおすすめなのは「絵を描く」ことです。デジタル機器を使えば使うほど、アナログの価値は高まっているように思います。特に手描きの絵というのは、その人らしさがじんわりと出て、味わい深いものです。「絵は苦手」と思っている人の心をうまくほぐすのがポイントとなります。

①「今日は、みなさんが関係する団体のビジョンを話し合う会議ですね。ぜひいい議論をしていきましょう。本題に入る前に、ウォーミングアップとして、みんなで絵を描いてみましょうか。ビジョンというのは、その言葉のとおり、まるで映像が目に浮かび〈こんなふうになるといいね〉を描くことです。だから、絵で描いてみるのがとってもいいらしいですよ」などと、絵を描いてもらう前置きを話す（もっともらしく聞こえるが、実はこういう前置きは何だってよい）。

②「まず、お互いのことを知るために、〈私の好きな風景・光景〉を描いてみましょうか。時間は２分です。あまり描き込んでいる時間はありませんね。ざっとしたイメージでいきましょう。あれ、なんだか困った顔している人がいますね。もしかして、このなかで、絵を描くのが苦手な人はいますか？　手を挙げてみてください」と聞いてみる。

③「けっこういますね。そうですか、苦手ですか。それはご愁傷さまです（笑）。絵だけに、〈えーっ!?〉なんてね、あっはっは。頑張って描いてください。描いていただく絵は、下手なほうが盛り上がります。なぜかって言いますと、よくわからない絵を見せるでしょ、そうすると〈何コレ？？〉ってなります。そこから会話が始まるのです。まぁ、下手な人は下手なりに描いてみましょう。あとで口頭で説明を加えればいいのですから」などと言ってほぐす。

④「ちなみに、これが私の好きな風景です」と自分が描いたあまり上手じゃない例を示す。「私は釣りが好きなので、夕暮れ時に釣り糸を垂れている時間。私が大好きな風景ですねぇ。遠くに太陽が沈んで、鳥が飛んでいく……。こういう景色をずっと見ていたいです」などとお話しする。

⑤「ではみなさんも、自分が好きな風景・光景を描いてみましょう。生まれ育った故郷の風景でもいいですし、楽しく焚き火をする光景などもいいですね。2分でどうぞ」などと描いてもらう。

⑥様子を見て「そろそろいいですか？ では、せーので見せ合いましょう」と言って、画面に出してもらう。「あーっ、すごい、いろいろ話せそうですね。4人ひと組の小グループで、描いた絵についてお話ししてみましょうか。8分ほどとりますね」と言って、小グループの話し合いにしてもいいし、人数がさほど多くない場合は、全員で画面に映った絵について、どんな絵を描いたのか話してもらうのも楽しい。

13 だいたい半分アンケート

効果：どんな人がいるかがわかる・双方向でのやりとりの下地づくり
時間：5分
準備：特になし
人数：何人でも
教えてくれた人：創意工夫とチャレンジ精神が旺盛な「てつ」さん

　「今日ここに、どんな人がいるのかな？」がわかるとほっとしたり、安心できたりするものです。自分だけ場違いなんじゃないかなと思っているあいだは、「アイス」はほぐれません。「なんだ、他のみんなもそうなんだ、安心した！」と思える瞬間が生まれやすいアイスブレイクです。

①「こんにちは。初めましての方もけっこういる感じですね。『だいたい半分アンケート』をやってみてもいいでしょうか？　いまから出る質問に〈そうだな〉と感じたら手を挙げてください（カメラを使えない人が多い場合は、反応ボタンを押す）。簡単なアンケートです。最初、私から質問を出させていただきますね。みなさん、考えてみてください」と言って始める。「だいたい半分くらいの人がそうじゃないかな」と思う質問を投げてみるのがポイント。

②「では、〈オンライン会議、実はあんまり好きじゃないんだよな〉と思う人は？　あーっ、挙手、ありがとうございます。半分以上でしたね。7割方という感じでしょうか。あんまり好きじゃないのに、今日は接続してくださって、ありがとうございます。じゃあ第2問は、〈今日のテーマについて、自分なりに事前に考えてきた人は？〉にしましょうか。該当する人は挙手をどうぞ」と言って2問目に入る。

③「おーっ、今度はちょうど半分ですね。事前に自分なりに考えてきて
くださって、ありがとうございます。あとでぜひ、その点を聞かせ
てください。『だいたい半分アンケート』は、こんな感じで、だいた
い半分くらいの人がそうじゃないかな、と思う切り口でアンケート
してもらうものです。どなたか、質問を思いついた方はいません
か？ 挙手してくださるか、チャットに書き込んでください」

④「Ａさん、チャットに書き込んでくださいましたね。なになに〈私は
鳥取県出身なんですが、鳥取県に行ったことがある人は？〉ですっ
て。ありがとうございます。では、鳥取県に行ったことのある方、
挙手をお願いします。わーっ、ちょうど半分くらいですねぇ。さて、
次の質問は？ Ｂさん〈最近、運動不足が深刻な人〉ですね。これ
もやってみましょう、挙手を願います。あぁー、半分以上はいます
ね。6割くらいでしょうか」。こんな調子でいくつか聞いていき、双
方向でやりとりできる下地をつくる。

＊「はい・いいえ」で答えるアンケートは、自分のことを深く話さなく
てもいいので、気軽に参加できるのがいいですね。

＊集団のなかには、引っ込み思案の人もいれば、積極的な人もいます。
このアイスブレイクは、積極的な人は「問いを出す」ということで
より深くかかわることができ、おとなしい人は挙手のみで浅くかか
われるという点が優れています。参加者全員が積極的な人というわ
けではないので。

＊なかには、答えたくない質問、答えにくい質問が出る場合もありま
す。例えば、「日本は憲法改正して核武装すべきか？」という質問が
出た場合は、「なかなか政治的な問いですね。これは匿名性の高い
『投票機能』を使って答えてもらったほうが答えやすいかもしれま
せんね。ちょっと『投票機能』でやってみましょうか」などと受け
取るのもありだと思います。「投票機能」については34ページ参照。

Part2 お互いの理解を深めるアイスブレイク

14 私のお宝紹介

効果：お互いのことを深く知るきっかけがつくれる・参加者が話しやすくなる

時間：15分

準備：「お宝紹介をしてもらいます」と事前予告しておくと安心

人数：何人でも

　オンラインの研修会や会議では、それぞれの自宅や職場からつないでいることが多くなります。ということは、その人がふだん使っているものや、大切にしているものが手元にある可能性が高いということです。その特徴をうまく活かしたオンラインならではのアイスブレイクです。

①「休憩時間が明けたら、予告していた『私のお宝紹介』をします。人それぞれ、これは私の宝物だと思えるものがご自宅にはあると思います。職場の方は、大事にしている仕事道具とかもいいですね。休憩時間のあいだに探して手元に持ってきておいてください」と伝える。休憩時間を挟まない場合は、「次に、予告していた『私のお宝紹介』をしましょう。お手元に用意できていますか？　ない方はちょっと探して持ってきてください。２分後に見せ合いますよ」と、事前に準備を促す。

②「ちなみに、私のお宝はこの釣り竿です。釣りの師匠から７年前にプレゼントしてもらったもので、これで私は釣りを覚えました。20種類以上のお魚を釣りました」などと画面に見せる。

③「『私のお宝紹介』、準備はＯＫですか？　はい、そろったようですので、みんなでせーので、お宝を見せ合いましょう。せーの！」。すると一斉に各自のお宝が画面に映る。

④「おーっ、すごいですね。『ギャラリービュー』で見ると、みなさんのお宝が一覧できます。スマホの方は画面をスワイプしてめくってみてください。どなたのお宝の話を聞いてみたいですか？」と聞いてみる。「Ａさんの大きなぬいぐるみが気になる！」などの声が出たら、「では、Ａさん、そのお宝を紹介してくださーい」とＡさんにバトンタッチ。

⑤１人目の話を聞いたら「Ａさん、ありがとうございました。では、次にどの人のお宝の話を聞いてみたいか、Ａさん、指名してもらってもいいですか？」とバトンを回してもらうようにお願いする。みんなのお宝が画面に映っていないようだったら、「みなさん、もう一度お宝を見せてください」と促す。

⑥何人かの話を聞いたら、「いやー、どのお宝もおもしろいですね。全員分をやっていると、とても時間がかかるので、４〜５人グループに分けます。まだお宝紹介ができてない人は、小グループで見せ合って交流してください。では、いまから10分ほど時間をとります。１人２分くらいの時間かなと思います」とグループ活動に入る。

⑦時間が経ってみんなが戻ったら「おかえりなさーい。それぞれの人のお宝トーク、聞けましたか？ お宝ザクザク、気分もホクホクですね」などと言って、次のステップに進む。

＊オンラインではどうしても画面が代わり映えしないので、お宝が登場すると急に画面が活気づいて、参加者も話しやすくなります。

＊以前、「オンライン婚活パーティー」でこのアイスブレイクをやったところ、初対面の男女でも大いに盛り上がることができました。

15 お宅拝見

効果：お互いのことを知ることができる
時間：5分
準備：特になし
人数：何人でも

　オンラインで接続していると、なんとなくその人のお宅におじゃましている感があります。私は本棚をバックに参加しているのですが、よく「あの本、私も持ってます」とか「あの本が気になりました」というコメントをいただきます。

　その人がどういう空間で過ごしているかは、その人自身を理解するうえで重要な背景情報です。

①「じゃあ、ちょっと自己紹介がてら、『お宅拝見』をしてみましょうか。いまからノートパソコンを持ってぐるりと動くので見てやってください。じゃじゃーん」と言って始める。

②「実はこの部屋、新型コロナウイルスの問題が起こる前は、趣味の釣り道具などをしまっておく部屋でした。だから、ほら、こっちの壁には釣り竿がかけてあるんです。あと、趣味のキャンプ道具が置いてあったり、剣道の防具があったりしますね」と、ぐるりと部屋を案内する。

③「ちょっと窓の外も見てみますか？　はい。目の前の庭には夏ミカンの木が植わっていて、ちょうど実がなってきていますね。『お宅拝見』という自己紹介でした」と言って、元の席に戻ってくる。

④「もし、どなたか、自宅や自分のオフィスを見せてもいいよ、という人がいたら、やってみませんか？　部屋がちょっと散らかっている

など気になる人や、部屋を見られたくない人は、決して無理しないでくださいね。どなたか、もしいればということで……」と言って、少し待つ。

⑤すると、手が挙がったりするので「ではＡさん、ご協力ありがとうございます。無理のない範囲でカメラを動かして、その空間を紹介してください」などと、数人リレーをする。

＊その人の自分の部屋の場合は、特にその人となりが表れるので、とてもよい自己紹介になります。オフィスの場合は、となりの同僚を紹介してもらったり、挨拶してもらったりしても楽しいです。
＊あくまでこれは希望者のみとして、「全員、部屋を見せなさい」などとしないようにしましょう。バーチャル背景にしている人や、部屋のごく一部だけしか片づけていない人にとっては、重大なプライバシー侵害になります。ある企業で、男性の上司が部下の女性の部屋を見せろと強要し、パワハラだと問題視されたことがありました。くれぐれも、ご注意を！　お互いに無理なく交流しましょう。

Part2 お互いの理解を深めるアイスブレイク

16 オンライン名刺をつくろう！

効果：お互いのことがよくわかる・連絡先交換が簡単になる
時間：30分
準備：パソコンでログインしてもらう
人数：何人でも

　オンラインで使い勝手のよい名刺をつくるサイト「バーチャル名刺背景ジェネレーター」に出会ったのは、オンライン婚活パーティーのファシリテーションを引き受けたときのことです。自分の趣味や特技をアピールしていて、婚活するのも楽しそう！と感じました。
　もちろん、ビジネスを含め、婚活以外でも使えて、アイスブレイク効果も期待できます。

①「みなさん、オンライン用の名刺って持っていますか？　あれ、持ってない人が多いようですね。オンラインで人と会う機会が増えたので、ちょっとつくっ  てみました」と「画面共有」で、自分がつくったオンライン名刺を見せる。

②「〈趣味で剣道やってますバージョン〉の名刺です。これをプロフィール画像のところに入れたり、バーチャル背景にすると、いつでも自己紹介や話のきっかけがつくれて、かつ連絡先交換も簡単にできますので便利です。他にも仕事バージョンや釣りバージョンもつく

っています。今日は、みんなで一緒にオンライン名刺をつくって交換しようと思います。まずはこちらのサイトをご覧ください」と言って「バーチャル名刺背景ジェネレーター」のウェブサイトを画面共有して見せる。https://online-meishi.biz/#/generator

③「まず、私がやってみますね。画面の指示に従って、自分をPRする写真を1枚選び、名前や所属やメールアドレス、SNSのアカウントを入力するだけでQRコードも自動でつくられます。いまから作成タイムを10分とりますので、各自つくってみませんか？　つくり方でわからないことがあれば、いつでも質問してください。10分間、音楽でもかけておきます」と言って作業タイムをとる。

④「そろそろ、できましたでしょうか？　できた人はチャットに〈できましたー〉と書いてください。おお、さっそく何人かできあがったようですね。できあがった人は、その画像ファイルをバーチャル背景にセットしてみましょうか」と、進捗を確認する。

⑤「では、そろそろみなさんできあがったようですので、お互いに見せ合いっこしたいと思います。順番に画面共有で見ていきましょうか。できる人はバーチャル背景にもしてみましょう。小グループでちょっとおしゃべりしましょうか。4人ひと組で5分間どうぞ」

⑥「5分経ちました。はい、おかえりなさい。話すきっかけができましたでしょうか？　オンライン名刺は、こんなふうに簡単にできるので、ぜひみなさん、いろいろつくってオンラインでの交流を楽しんでください」などと言って、次のプログラムに入っていく。

＊名刺の作成に時間がかかりますが、継続的な集まりの初回にやると、とてもいいと思います。事前にサイトを紹介し、名刺の作成を宿題にしておく方法もあります。

＊「バーチャル名刺背景ジェネレーター」は、アプリのインストール不要・会員登録不要・無料・個人情報を送信保管しないサービスです。

17 つながりマイクリレー

効果：お互いのつながりがわかる・発言のタイミングがつかみやすく
　　　なる
時間：3〜5分
準備：特になし
人数：5〜20人

　「オンラインだと、なかなか発言のタイミングがつかめない」という
相談を受けることがあります。そんなとき、この「つながりマイクリ
レー」のような、リズムよく、次に発言する人にバトンを渡す練習の
ようなアイスブレイクを入れておくとスムーズです。

① 「では、会を始めるにあたって、一人一言、参加にあたっての意気込
　みを聞いていきたいと思います。〈オンラインだと、発言のタイミン
　グがつかみにくい〉と言われたりしますが、〈発言した人が、次に意
　見を聞きたい人を指名する〉というリレー方式ですと、いろいろな
　人の声を聞きやすくていいですよ。今回は、つながりに注目しなが
　ら、〈○○つながりで、次は××さん〉というふうにマイクをバトン
　のようにリレーしていきましょう」と概要を伝える。

② 「それでは、ちょっとやってみましょう。青木マーキーです。今日の
　意気込みは〈思い切って本音を言っちゃうぞ！〉です。じゃあ、次
　は青木の木つながりで、高木さん、お願いします」のようにバトン
　を渡す。

③ 「高木です。今日の意気込みは〈人見知りしないぞ〉です。じゃあ、
　同じ書道サークルつながりで、竹中さんにマイクを渡します」など
　と回していく。

④ 「竹中です。私の今日の意気込みは、ちょっと寝不足なので〈途中で

寝ないぞ！〉です（笑）。じゃあ、昨日一緒にオンライン飲み会で飲み過ぎた、りっちゃんにマイクを渡します」などとリレーしていく。

⑤「はーい、飲み過ぎたりっちゃんです。私の今日の意気込みは〈後半の盛り上げ役を担うぞー！〉です。じゃあ、実は出身地が同じ大分の権田原さん、次、お願いします」など。

⑥全員の発言がすんだら「はい、みなさんの意気込み、ありがとうございました。こうやって、自分が発言したあとに、〈次は○○さん、どう思います？〉と振ってもらえると、いろいろな人が発言しやすくなりますね。今日の会でも、次に発言したい人にうまくリレーをしながら進めていきましょう」などと提案して、本題に入っていく。

＊お互いが知り合いではない集団で、うまくつながりが見出せない場合は、「メガネつながり、服の色つながり、画面でおとなりつながりなど、何でもOKです。ちょっとムリクリ感があるつながりですと、受けますよ」などと助け船を出す。

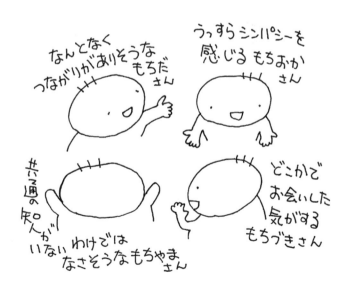

Part2 お互いの理解を深めるアイスブレイク

Part3

オンライン疲れもぶっとばせ！

体を動かすアイスブレイク

18 画面の四隅

効果：体がほぐれる・心もリラックス
時間：3分
準備：特になし
人数：何人でも

　オンラインの研修会や会議に慣れていない人は、「うまくやれるかな？」「ちゃんとつながっているのかな？」と、緊張しています。心と体はつながっていますので、まずは体の緊張をほぐすのがてっとり早い方法です。四角い画面をうまく活かして、体を動かしましょう！

①「では、始めましょうか。まずは準備体操からです。オンラインですと同じ姿勢で長時間いることが多いので、肩が凝りがちです。最初に、肩を上げたり下ろしたりしてみましょう。そのあと、ちょっと肩を回すような動きもしてみましょうか」と、肩を緩める体操からスタート。

②「今度は、首を回してみましょう。ゆーっくりと3回、反対回転でもう3回」などと、まずは、画面の前で体を動かしていいんだな、という雰囲気をつくる。

③「みなさん、四角い画面に自分が映っているのは見えますか？　この画面を使って、ストレッチをしていきます。カメラが近くて顔が大きく映っているような人は、少し後ろに下がって距離をとりましょう。まずは右手を伸ばして、画面に映った自分の右手が画面右上の角に行くように伸ばします。はい、ぐーんと！　左手は逆に左下の角に映るようにもっていきます。はーい、みなさん上手にできていますよ。○○さん、もっと右腕を上げてー」などと、声をかける。

④「みなさんが同じポーズで画面に映っていますね。では右左を反対にして、右は下、左は上で伸ばしてみましょう。ぐーっといきます。はー

い、だんだんほぐれてきましたね。では、今度は両手を上にして伸ばしまーす。グリコの看板みたいになりましたね、ばっちりです」などと盛り上げる。

⑤「では、仕上げにワイパー運動をしましょう。両手を車のワイパーに見立てて、画面の前でワイパーを動かしてみましょう。まずはゆっくりです。おや？　だんだん雨が強くなってきたぞ！　高速モードで、素早くです。はーい、雨がやんできたので、ゆっくりモードに戻してください。仕上げに肘を直角に曲げて、左右交互に腕を横移動してみましょう。腕で画面を隅々まできれいにするイメージです」。ある程度体が温まったら「はい、おしまいでーす」と終了する。「みなさんのワイパーのおかげで、すっかり画面がきれいになったような気がします。顔色もよくなりましたね。オンラインは体が凝り固まりやすいので、ときどき体を動かしながら、やっていきましょう」などと言って終える。

＊職場からつないでいる人もいます。いきなり激しい動きをし始めると、職場で浮いてしまったりするので、「無理なく、ほどほどに参加してください」と伝えましょう。有線のイヤフォンや大きめのヘッドセットをつけている人も、同様に「ご無理のない範囲で」と伝えます。

19 30秒選手権

効果：体がほぐれる・心もリラックス・運動不足解消
時間：1分
準備：特になし
人数：何人でも
教えてくれた人：快活な印象のあるステキな「みな」さん

　どうにも運動不足になりがちな昨今。リモートワークやオンライン
研修会、オンライン会議が続きますと、歩数も減って、階段の上り下
りも少なくなります。

　そこで、あえて30秒という短い時間で、思い切り体を動かしてもら
うのがおすすめです。特に子どもたちや学生たちに人気のアイスブレ
イクです。

①「これから『30秒選手権』を始めまーす。パチパチパチ！　はい、こ
　れは単純なルールで、ある動作を30秒間やり続ける、という運動不
　足解消にもなる遊びです。さぁ、みんな、立って、体を動かしまし
　ょう！　体調的に、あるいは環境的に無理な人は、観客として楽し
　く見ていてください。さぁ、始めましょう！」と、元気よくスター
　トする。

②「じゃあ、今日の『30秒選手権』は、スクワットです。オンライン
　が続くと、どうしても下半身を使わなくなります。スクワットは血
　のめぐりもよくしますね。ただ、いきなり激しくやると膝がびっく
　りしてしまいますので、ちょっとほぐしてくださいね。はーい、い
　まから30秒計ります。その間、めいめいのペースでスクワットをし
　てみましょう。体力のある人は、回数チャレンジを。久しぶりに体
　を動かす人は、ゆっくり、じっくり上げ下げを意識してやってみて

ください」などと、各自のペースを守って参加するように伝える。
③「『30秒選手権』、よーい、スタート！ といっても、競う必要はありませんよ。みなさんスクワットできてますねぇ。Aさん、姿勢がいいですね。Bさん、すごいスピード！ Cさん、腕を頭の後ろで組むなんて本格派っぽいですね」などと、コメントしながら過ごす。
④「あと5秒でーす。ピ、ピ、ピ、ピーン。はい、おしまーい。ありがとうございました。いかがでしたか？ また違う『30秒選手権』をやりますので、次はどんなのをしたいか、言ってくださいね。では深呼吸して、椅子に戻りましょうか」などと終える。

＊30秒は何をやってもOKです。バンザイや、階段を降りているふり、エアー縄跳びなどが定番です。ヨガのポーズも使えます。
＊とにかく短い時間で体がほぐせるのがいい点です。
＊ただし、「オンラインは、下半身は映らないからパジャマ」という人もときどきいるので、配慮が必要です。「パジャマで立てない人は無理しないでくださいね」と伝えておきましょう。
＊参加者に高齢者が多く、いきなり体を動かすのは危険と感じたときは、「早口言葉30秒選手権」もけっこう盛り上がります。「いまから30秒間、〈きゃりーぱみゅぱみゅ〉って言い続けてみましょう。口を大きく開けてどうぞ！」。

20 じゃんけんワーイ

効果：体を動かし、声を出し、体も心もほぐれる・発言のお見合い解消の方法を提案
時間：3分
準備：特になし
人数：何人でも

　以前出した『アイスブレイク　ベスト50』（ほんの森出版）という本では、じゃんけんを使ったアイスブレイクだけで1章を設けました。

　じゃんけんは、日本だけでなく世界中の人々が知っていて、子どもからお年寄りまで楽しめます。体を動かせて、声も出せて、偶然性も楽しく、オンラインでもアイスブレイクとして使わない手はありません。

①「みんなで、じゃんけんをしてみましょうか？　オンラインでじゃんけん、やったことありますか？　ちょっとタイムラグがあるので、それも含めて楽しんでくださいね。周りに人がいないようでしたら、大きな声を出してみましょう。ウォーミングアップを兼ねてオーバーアクションくらいで、ちょうどいいです」と声も出すように誘う。

②「〈さいしょはグー〉のかけ声で、私とみなさんとでじゃんけんします。オンラインでじゃんけんするときは、相手に見えやすいようにするといいですよ。手を縦に出すと見えづらいので、こうやって、カメラに向けてグー・チョキ・パーと出すと、見えやすいですね」と例示する。

③「ただじゃんけんするだけでもおもしろいのですが、勝った人は〈ワーイ！〉とバンザイしましょうか。負けた人は〈エーン〉と泣いた

ふりをします。あいこだったら、〈次はやってやるぜ!〉とファイティングポーズをとりましょう。よろしいですか」と確認して、みんながうなずいたようなら……。

④「じゃあ、始めますよ。さいしょはグー、じゃんけん、ぽーん」とやってみる。「勝ったら、ワーイとバンザイしてくださーい!」などと声をかける。

⑤「おーっ、3割くらいの人がワーイとしてますね。もう1回やってみましょう。じゃんけん、ぽーん」などと数回楽しむ。

⑥「『ブレイクアウトルーム』で小グループに分かれたとき、〈誰から話そうか?〉とお見合いしていることがありますね。そんなときは、『じゃんけんワーイ』をすると、体がほぐれて、声も出せていいですよ」などと伝え、本題に入っていく。

＊全体を対象に、ゲーム性を持たせるときは、勝ち残りがいいと思います。負けた人はカメラをOFFにするようにお願いすると、だんだん減っていきます。最後に残った人が「チャンピオン!」です。カメラのON・OFFに慣れることにもつながります。

＊逆に、全員が勝てるまでやるバージョンもおすすめです。「1回でも勝った人は、カメラをOFFにしていってください」とすると、あいこの人、負けた人が残ります。最後の1人まで勝たせてあげて、「誰もいなくなっちゃった! さびしいから、みなさんカメラをONにして戻ってきて!」とおどけるのも、私は好きです。

21 あいこじゃんけん

効果：体を動かし、声を出し、体も心もほぐれる・心を合わせる
時間：3分
準備：特になし
人数：何人でも

　じゃんけんの特徴は、勝ち負けがはっきりすること。でも、使いようによっては、〈勝つことをよしとする〉以外の方法もあるので、奥が深いです。

　今回は〈あいこ〉になるのをめざすじゃんけんです。「20 じゃんけんワーイ」に慣れたころにやるのもおすすめです。

①「オンラインでも、〈気持ちを合わせる〉〈心を合わせる〉というのが大事です。ちょっと変わったじゃんけんをして、うまく心を合わせてみましょうか。『あいこじゃんけん』です。普通のじゃんけんは勝つことをめざしますが、これは〈あいこ〉をめざしたじゃんけんです」と概略を説明する。

②「〈さいしょはグー〉のあとに、私がどれかを出しますので、なるべくあいこになりそうなのを出してみましょう。あいこになったら〈やったー！〉って喜んでくださいね。さいしょはグー、じゃんけん、ぽーん」と言って出してみる。

③「おー、なんか半分くらいの人があいこになりましたねぇ。喜んでいただけて、うれしいです。じゃあ、3回連続でやってみますよ。あいこになったら〈やったー！〉って喜んで、すぐ次のじゃんけんに入ります。さいしょはグー、じゃんけん、ぽーん」と3回繰り返す。

④「はーい、ありがとうございました。みんな、何回あいこになれまし

た？ 1回だけあいこだった人、手を挙げてもらっていいですか？ おー、これが平均ですよ。じゃんけんはグー・チョキ・パーの3つありますからね。2回あいこだった人、手を挙げて。わーっ、すごい。気が合いますねぇ。3回連続であいこだった人！ わーーっ、すごいすごい。このメンバーは相性ばつぐんですね。どうぞよろしく！」と盛り上げる。

⑤「あっ、ちなみに1回もあいこができなかった人はいますかー？」と恐る恐る聞いてみる。「いたー、あらー、3回では足りませんでしたね。その人だけ、もう何回かじゃんけんしましょっか。さいしょはグー、じゃんけん、ぽん。ぽん。ぽん！」とあいこになるまでやってみる。

⑥「わはは、ようやくできましたねぇ。なんとか7回目で気が合ったところで、今日の本題に入りましょうか。今日も1日、気持ちを合わせて、よろしくお願いしまーす」と笑顔で次の活動へ入る。

＊誰かを取り残さず、みんなが楽しめるようにすると、競争っぽい雰囲気ではなくなります。平和的な場づくりをしたいときに適したアイスブレイクです。

＊カメラをOFFで参加している人がいた場合、チャットでじゃんけんに参加してもらってもおもしろいです。〈さいしょはグー〉のあとで、グー・チョキ・パーを文字で送信してもらいます。ちぐはぐ感も含めて、笑いながら楽しめるような雰囲気がつくれるといいですね。

22 オンライン借り物競走

効果：リフレッシュする・みんなの笑顔が見られる
時間：10分
準備：特になし
人数：10〜25人程度
教えてくれた人：老犬とともに楽しく暮らしている「こばみか」さん

　画面の前で同じ姿勢で座っている時間が長いと、どうしても体も心も固くなってきます。アイスブレイクの基本は、「体も心も動かそう」です。ですから、「画面から離れて、どこかに行ってから、戻ってくる」という要素があるアイスブレイクは、成功間違いなしです。

①「いまから、私があるものを見せますね。みなさん、私が見せたものとなるべく似たものを持ってきてください。もちろん、画面から離れてOKです。色が似ている、形が似ている、存在感が似ている……。なんでもいいですから、〈似たもの〉を探して戻ってくるんですよ」と、これからやるアイスブレイクのイメージを伝える。

②「じゃじゃーん、これです。見えますか？　そう、トマト！　はい、いまから2分くらいで、身の回りを見渡して、なるべくこれに似たものを探してきてください。慌ててこけたり、ケガしたりしないように気をつけて。では、『オンライン借り物競走』に、いってらっしゃい！」と、出発を促す。

③めいめい戻ってくるので、「おかえりなさい。見つかりました？」などと、早く戻ってきた人との会話を楽しみながら、みんなが戻るのを待つ。

④全員そろったら、「じゃあ、せーので見せ合いましょう。どんな似たものが集まったかな？　せーの！」と見せ合いを促す。すると画面

中にトマトに似たものが映る。「スマホの方は4人までしか見られないので、スワイプして画面をめくり、どんなのがあるか見てみてくださいね」とフォロー。

⑤「Aさん、すごい、ちょうどトマトのブローチがあったんですね。Bさんは赤いボール、かわいいですね。Cさん、冷蔵庫から持ってきてくれたのですか？ プチトマトも美味しいですよね。Dさん、即席で絵を描いてくれたのかな、ありがとうございます。Eさん、トマト銀行の通帳を持っているんですか？ 初めて見た！ あと、どの人のが気になりますか？」など、自由に発言を促す。

⑥「おかげで、画面が赤く華やぎました。トマトのエネルギーをもらって、今日も元気にやっていきましょう！」などと言って、次に進む。

＊急に伝えて、あたふたと探しに行く様子がおもしろいです。画面に戻ったとき、みんながワァワァと話し始める雰囲気が楽しいアイスブレイクです。

＊ある小学校では、沖縄県の学習をするときに「みんなの家にある、沖縄に関するものを持ってきて」と促して、学びのきっかけをつくったそうです。子どもたちに人気のアイスブレイクとのことです。

＊「丸いもの持ってきて」「外国から輸入されたものを持ってきて」など、いくらでもアレンジが可能。

＊せっかく探して持ってきたものですから、それについて話したいのが人情というもの。小グループをつくり、紹介しあえる時間をとるのもいい方法です。

23 手裏剣ごっこ

効果：体を動かし、体も心もほぐれる・演技力が高まる
時間：3分
準備：特になし
人数：10〜25人程度
教えてくれた人：娘さんを歯医者に送るさなか、果敢にもスマホで車内
　　　　　　　　から（車は止めていました）参加してくれた村田さん

　リアルの集まりだと、ボールを投げたり、ぬいぐるみを手渡したり
して直接の交流ができますが、オンラインでは、何か物を手渡すとい
うことができません。
　そこで、「画面の向こうに行ったことにする」という設定で遊ぶとお
もしろいです。

①「じゃあちょっと、体を動かしてウォーミングアップしましょうか。
　いまから、私が忍者になって、手裏剣を投げますね」と忍者のポー
　ズをとって、雰囲気をかもしだす。
②忍者が手裏剣を投げるポーズをとりながら「いまから、みなさんに
　向かって手裏剣を投げます。みなさん、うまくよけてくださいね。
　3種類ありますよ。〈あたま手裏剣！〉と言ったらしゃがんでくださ
　い。〈おなか手裏剣！〉と言ったら、こうやって体をくの字にして手
　裏剣をおなかのところを通すようによけてください。〈あし手裏
　剣！〉と言ったらジャンプで逃げますよ」とお願いする。
③「ではいきますよ、あたま手裏剣！」と、手裏剣を投げる動作をす
　る。するとみんながしゃがむ。「おなか手裏剣！」と言うと、体をく
　の字にしてよけて楽しむ。「あし手裏剣！」では、椅子に足を乗せて
　膝を抱えるような動きでもよい。
④「みなさん、よけるのが上手になりましたね。次、忍者になりたい

人！　交替しましょう」などと、促す。
⑤少し慣れてきたら「忍者はランダムに手裏剣を投げてきますから、みなさんも自由に体を動かしてよけてください」とか「手裏剣にやられてばっかりもなんだから、剣の達人になって刀で打ち返したり、自分も忍者になって手や指でパシッと手裏剣を受け止めて投げ返してきたりしてもいいですよ」などと、遊びの幅を広げる。ゲラゲラ笑いながら、楽しく体を動かせたあたりで、終了。

＊Zoomの場合、スマホだと4名、タブレットだと9名、パソコンだと通常25名（スペックのよいパソコンで49名）を一覧にすることができます。ですから、スマホ参加者にとっては、ちょっとやりにくいアイスブレイクです（でも、これを教えてくれた村田さんは、スマホを駆使しての参加でした！）。

＊手裏剣にやられたら「画面をＯＦＦにする」などして、だんだん生き残りが少なくなってくるというアレンジもあります。

Part3 体を動かすアイスブレイク

24 ぺんぎんたいそう

効果：体を動かし、体も心もほぐれる
時間：3分
準備：絵本を用意
人数：何人でも
教えてくれた人：大声を出さなくても、丁寧にアイスブレイクができる「とりむー」さん

　絵本は子どものためのものと思われがちですが、大人が読んでも、気持ちがほっこりしたり、学ぶ点が多かったり、本当に大事なことが書いてあったりしますね。短い時間で読み終えることができるし、イラストもわかりやすい。なので、オンライン向きです。

　ちょっと雰囲気が硬いかなと思ったときは、絵本を使ってのこんな体操もありですよ。

①「簡単な体操をして、ちょっと体をほぐしましょうか。今日はこの絵本を使って、みんなで同じ動きをするのはどうかな、と思っています」と言って、本の表紙を見せる。

②「『ぺんぎんたいそう』という本です。作者は齋藤槙さんで、福音館書店から出ている小さな子ども向けの絵本です。では、これをめくって、読んでいきますので、みなさん、よかったら、一緒に体を動かしてくださいね」

③「ぺんぎんたいそうはじめるよ　いきをすって〜」とページを見せながら、読んでいる自分自身も大きく息を吸う様子を見せる。

④「はいて〜」と次のページにいったときに、少し長めに息を吐く。

⑤以降「くびをのばして〜」「ちぢめて〜」「うでをふって〜」などと続け、最後までゆっくりなペースで読んでいく。

⑥「『おしりをふって〜　またあした』まで、上手にできましたね。こ

うやって、ステキな絵本のおかげで、みなさんの体もほぐれましたでしょうか。それでは、水に飛び込むぺんぎんのように、するっと本題に入っていきましょう」などと言って本題に入っていく。

＊ここでは『ぺんぎんたいそう』（齋藤槙、福音館書店）を使わせていただきましたが、他にも、『パンダなりきりたいそう』（いりやまさとし、講談社）や『だるまさんが』（かがくいひろし、ブロンズ新社）などでも同じように楽しめます。お気に入りの絵本を1冊手元に置いておくと、いざというとき助けてくれそうです。

25 オンライン鬼ごっこ

効果：楽しく交流ができる・自然に雑談ができる
時間：10分
準備：各自、帽子など頭に載せるもの・Zoomのバージョンアップ
人数：10〜25人程度
教えてくれた人：オンラインでも果敢に体を動かすファシリテーションに取り組む「ジェイ」さん

　鬼ごっこはアイスブレイクの王道です。いろいろな人と交われて、体を動かせて、駆け引きもあって、もう最高です。野外の活動ではよく使われますが、その鬼ごっこがオンラインでも可能です！

①「いまから鬼ごっこをしてみましょう。みなさん、何か頭の上に載せられるものをご用意ください。帽子があれば、それで。なければタオルやハンカチなど、何でもOKです。みなさん、一度かぶってみましょう」。みんなが一斉に何かを頭に載せると、それだけで笑いが起こり、場が和む。「何かをかぶっている人が鬼です」と言って始める。

②「今日は15人ほど参加しているので、鬼を3人にしましょうか。どなたか、鬼をやってくださる方はいますか？　はい、Aさん、Bくん、Cちゃんの3人ですね。ご協力ありがとうございます。じゃあ3人は、頭に何かかぶってくださいね」とお願いをする。時間があれば、じゃんけんを使って鬼を決めるのもウォーミングアップになる。

③「いまから『ブレイクアウトルーム』で、ランダムに小さい部屋に分かれます。鬼がいない部屋では、『いつ鬼が来るか』とドキドキしながら、おしゃべり交流を楽しんでいてください。鬼が部屋に入ってきたら、鬼は誰か名前を呼んで指名し、その人とじゃんけんをしま

す。じゃんけんに負けた人が次の鬼です。鬼になった人は何かを頭に載せて、別の部屋に移動して、誰かとじゃんけんしてください。鬼じゃない人も、部屋を移動してもいいですよ」とルールを伝える。

④「ところでみなさん、Zoomのバージョンアップはすんでいますか？　ブレイクアウトルームに行くと、画面の下に（スマホの場合は左上に）ブレイクアウトルームを選ぶボタンがあります。そのボタンが出ていなかったら、こちらで設定を変えますので言ってください」と伝える。

⑤「それでは、準備はいいでしょうか？　めくるめく『オンライン鬼ごっこ』を楽しんでください！」と伝え、スタート。

＊Zoomのブレイクアウトルームを開始する際、「参加者によるルーム選択を許可」を選択します。自動で部屋を割り当てたい場合は、「自動で割り当てる」を選択したあとに、オプションの「参加者によるルーム選択を許可」にチェックを入れて開始します。

＊参加者15人で、鬼は２〜３人が適切かと思います。鬼の数が少ないと「鬼さんなかなか来ないですね」とゆっくりおしゃべり交流が楽しめますし、鬼の数が多いと、鬼がどんどん来て盛り上がります。

＊Zoomのバージョン5.3.0（2020年９月）から、参加者が自分でブレイクアウトルームを移動できる設定が可能になりました。古いバージョンの参加者がいる場合があるので、このアイスブレイクを実施する場合は、事前にZoomのバージョンアップをしておくようにお願いしておくといいでしょう。バージョンが古く、ブレイクアウトルームを移動できない参加者がいた場合は、「参加者」のボタンから、「共同ホスト」にしてあげると移動できるようになります。

＊このアイスブレイクを教えてくれたジェイさんは、大学のオンライン授業では、最終回あたりにこれを実施するそうです。「そういえば、あの人と話せてなかったという人と、鬼が来るまでのあいだ話せてよかった」なんて感想が聞かれるそうです。

Part3 体を動かすアイスブレイク　71

Part4

お互いの力を引き出そう！

チームワークを高める
アイスブレイク

26 リレーで歌おう

効果：一体感を味わえる・声を出せる
時間：5分
準備：歌詞に番号を振り画面共有できる形に・参加者に番号を振る
人数：5〜15人程度

　合唱が好きな方にとって、コロナ禍は大きな災難でした。合唱の練習やコンクールが中止になったり、マスクをして歌うように指導されたりもしました。集まれないならオンラインで、と模索した人も多いのですが、なにぶん「タイムラグがある」「同時発声が苦手」という特徴もあって難航。共に歌う喜びを知るみなさんの試行錯誤が続いています。

　このアイスブレイクは、「合唱が無理なら、リレーでやってみたら？」という発想で、楽しく歌える方法を模索したなかから生まれたものです。歌が苦手な人もいるので無理強いは禁物。マイクをミュートにして歌ってもらうなど、工夫をします。

①「みんなで歌でも歌ってみましょうか。オンラインだと合唱はちょっと難しいところがあるので、今回はリレーで歌いたいと思います。チームワークよくバトンを渡して、1つの歌を完成させましょう。協力してくださる方を8名募集します」と始める。
②「曲はみなさんご存じの『うさぎとかめ』〈♪もしもし、かめよ〜〉でどうでしょう。こちらが歌詞です（と、画面共有する）。歌詞に番号を振っておきました。1から8まで、リレーで8人が歌をつないでいきます。オンラインですのでタイムラグもありますから、ゆっくりなテンポで、かつ、それぞれの歌い方は自由に楽しく歌っても

らえればと思います。どなたか、ご一緒に歌ってくれませんか？」
と仲間をつのる。

③「さっそくありがとうございます。じゃあ、『名前の変更』でパート
の番号を振りますね。1は私がやってみます。2はＡさん、3はＢ
さんで……」と8まで割り振る。参加者に、自分で名前の前に番号
を振ってもらってもよい（「7 調子はどう？」参照）。人数が足りな
かったら2回目の登板もあり。

④「では、割り振りがすんだので、さっそく歌っていきましょう。自分
のパートが終わったら、手振りで次の人にどうぞ、とするとわかり
やすいですよ。8人以外のみなさんはマイクをミュートにして、も
しよかったら一緒に歌ってくださいね」と促す。

⑤「では、始めます　♪もしもし、かめよ、かめさんよ～」ここで手振
りをして「せかいのうちに、おまえほど～」と続く。

⑥最後まで歌ったら「ありがとうございました！　拍手！　みなさ
ん、ミュートを外して、感想をどうぞ。Ｂさんの高音すごかったで
すね。歌で心がひとつになったところで、亀の歩みで着実に本題を
進めていきましょう」などと言って本題に入っていく。

＊「うさぎとかめ」　石原和三郎作詞　納所弁次郎作曲
　1　もしもし　かめよ　かめさんよ
　2　せかいのうちに　おまえほど
　3　あゆみの　のろい　ものはない
　4　どうして　そんなに　のろいのか
　5　なんと　おっしゃる　うさぎさん
　6　そんなら　おまえと　かけくらべ
　7　むこうの　こやまの　ふもとまで
　8　どちらが　さきに　かけつくか
＊Zoomでの合唱の取り組みとして、合唱指揮者の柳嶋耕太さんの取
　り組みが参考になります。https://note.com/yanadgt/n/n069476dc8e30

27 ハッピーバースデー

効果：ほっと温かい気持ちになれる
時間：2分
準備：特になし
人数：何人でも

　オンラインの研修で「実は私、今日が誕生日で……」なんて話題が
出たことがありました。それはめでたい！　予定していたワークをち
ょっと横に置いて、「せっかくなので、みんなで歌いましょうか」と提
案しました。オンライン会議ツールは、同時発声をうまく処理できな
いので合唱には向かないらしいのですが、あえて合唱するとどうなる
のか、試してみたい気持ちもありました。すると、なかなかおもしろ
い時間になりました。

①「今日は、Ａさんの誕生日だそうで、おめでとうございまーす。せっ
　かくですので、みんなで歌ってみませんか？　ハッピーバースデー
　の歌です」とみんなを誘う。
②「では、可能な方はミュートを解除して、Ａさんに祝福の歌声を届け
　ましょう。職場の自席などで声を出して歌えない方は、口パクでも
　いいですからご参加くださいね。ご存じでしょうが、オンライン会
　議ツールでは同時発声を全部拾い取りきれないし、通信環境によっ
　てはタイムラグがあります。なので、それも含めて、ちょっとずら
　して歌ったり、自分は高いパートを歌うぞと試したり、多重奏を楽
　しむような気持ちで歌ってみましょう。それでは、せーの」と歌う
　タイミングをつくる。
③「♪ハッピーバースデートゥーユー　♪ハッピーバースデートゥー

ユー　♪ハッピーバースデーディアＡさーーーん　♪ハーッピバースデーィ　トゥーユー！」となるべく、ゆっくり、いろんな音声が入るようにみんなで歌う。

④「ありがとうございました。Aさん、おめでとう！」と言って、みんなで拍手してしめる。

＊オンラインはどうしても殺風景になりがちですので、こういう心温まる瞬間をつくることができたのは、とても印象的でした。

＊さらに凝った演出をしたい場合は、ローソクを用意するのも楽しいです。歌い終わったあと、「ではAさん、大きく息を吹きかけてくださーい」とお願いして、タイミングをみてローソクを消してあげる演出です。ケーキまではお届けできなくても、とてもいい雰囲気になります。

＊みんなでチャットに〈おめでとう！〉と書き込み、チャットの欄を〈おめでとう！〉であふれんばかりにするのも楽しいです。もっと本格的に祝いたいときは、ネット上には「オンラインよせがき」などのサービスもあるので、試してみてもいいかもしれません。

28 私は誰でしょう？

効果：一体感が味わえる・質問力が高まる
時間：5分
準備：特になし
人数：5〜15人程度

　これは、よくわが家で小学生の子どもと一緒にやる遊びです。オンラインでも試してみたのですが、なかなか盛り上がっておもしろいので紹介します。質問力が磨かれ、チームワークも高まる知的で楽しいアイスブレイクです。

①「じゃあ、これから『私は誰でしょう？』という遊びをちょっとやってみましょうか。いまから、私が〈あるアニメのキャラクター〉をイメージしますね。みなさんは、私がイメージしているキャラクターをあてるための質問をしてください。質問力を磨くトレーニングにもなりますよ」などと言って始める。

②「キャラクターをあてるための質問は、例えば〈それは男性ですか？〉のように、〈はい〉か〈いいえ〉で答えられる質問にしてください。質問の個数の上限は7つとしましょうか。7つの質問の前に、例えば5つ目の質問の答えを聞いた段階で〈もうわかった〉という人がいたら、〈はい！〉と元気よく手を挙げてください。アニメのキャラクターといっても幅広いので、今回は〈スタジオジブリのアニメに登場するキャラクター〉に限定しておきます。みなさん、ジブリのアニメは見たことありますか？」と聞いて、その反応しだいでキャラの難易度を決める。

③それらしいポーズをとったりしながら、「では、質問をどうぞ」「そ

れは、男性ですか？」「はい、男性です」などとやりとりをする。「そもそも、それは人間ですか？」「うーん、微妙ですねー。いいえ、いまは人間ではありません」「それは空を飛びますか？」「はい、飛びます」などと続ける。

④「それは主人公ですか？」「はい」などと答えたところで、「わかった！」と手を挙げた人がいたら、「はい、Aさん」とあてる。

⑤「トトロ！」などと答えが出たら、「残念！　おしいですよ」などと楽しむ。

⑥「それは戦いますか？」「はい、戦います」という流れで、7問目までいったら、「そろそろ答えがわかったでしょうか？　じゃあ、正解をチャットに書き込んでみましょう」などとしてもよい。

⑦「そうです。『紅の豚』のポルコが正解でした！」などと遊ぶ。「次、やってみたい人いますか？」とバトンタッチしていってもよい。

＊樹木に詳しい仲間とは「樹木しばりで」とか、歴史に詳しい仲間とは「戦国武将しばりで」などと、集っている人たちに沿ったテーマでやると楽しいです。その場にいるみんなが楽しめない話題でこれをやると、逆にアイスメイクになるのでご注意を。

29 漢字連想人物あてクイズ

効果：解答者のことを思って、みんなが必死に知恵を絞ることができる
時間：10分
準備：各自が紙とペンを用意
人数：5〜20人
教えてくれた人：チューバを演奏する大学生「かっしー」さん

　クイズというと「アメリカ横断ウルトラクイズ」のように（古い
か）、正解者だけが勝ち残っていくようなものが多いです。でもこれ
は、みんなで協力してヒントを出しまくり、「なんとかしてその人にあ
てさせよう！」という心やさしいクイズ形式のアイスブレイクです。

①「これからやるのは、人物あてクイズです。このなかで１人〈解答
　者〉を担当してくれる人には正解の人物名を書いた紙を見せず、そ
　れ以外の方には、正解を書いた紙をお見せします。どなたか、〈解答
　者〉をやってくださる方はいらっしゃいませんか？」と協力者をつ
　のる。
②「はいＡさん、ありがとうございます。ではＡさんは、ちょっと後ろ
　を向いてください。他のみなさんには正解の紙を見せますね」と
　〈織田信長〉と書いた紙を見せる。「みなさん、黙っていてください
　ね」
③「それではいまから、Ａさんに〈この人物は誰か〉をあててほしいと
　思います。他のみなさんには、漢字一文字でＡさんにヒントを出し
　ていただきます。直接、正解の人物名に含まれる文字を書くのはナ
　シです。その人物から連想される事件や場所、人柄などで、うまく
　ヒントを出してあげてください。それでは、解答者が正解を連想で
　きそうな漢字一文字を書く時間をとりましょう」と言って30秒ほど

80

待つ。
④「はい、それでは漢字を見せてください。〈戦〉〈乱〉〈敵〉〈尾〉〈天〉〈鬼〉〈怖〉〈楽〉〈叡〉などが出てますねー。Aさん、もうこれでわかりますか？ もしわからなかったら、2つだけ質問できます。みなさんは、『はい』か『いいえ』で答えてくださいね」
⑤Aさん「これって実在の人物ですか？」「はい」。「えっと、これは戦国時代の武将ですか？」「はい」。「わかりました、織田信長ですね」「正解！」という流れを楽しむ。

＊テレビ朝日系列の「トリニクって何の肉⁉」などのクイズ番組でも、同じような形式のクイズがあります。
＊たいていの人があてられるように、知名度のある人物を挙げるとよいでしょう。総理大臣や有名な会社の社長、お笑い芸人などが適しています。
＊私が解答者をやったとき、ポケモンの「ピカチュウ」を出されたことがありました。〈獣〉〈黄〉〈雷〉など出て、ちょっと難しかったのですが、最後の質問でなんとかわかりました。
＊このアイスブレイクを教えてくれたかっしーさんは、大学のオーケストラでチューバを担当しています。「ちょっとだけでもチューバの音色を聴かせてほしい」とリクエストしたら、快く吹いてくれて、参加者みんながとても喜びました。チューバ吹きは、おおらかで、心やさしくて、アイスブレイクが上手な印象があります。見習いたいと思うお人柄でした。

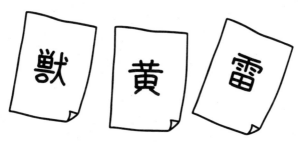

30 ワンワード

効果：ドキドキしながらみんなで協力できる
時間：10分
準備：出席番号の確認や、参加者に番号を振る
人数：5〜20人
教えてくれた人：コロナに負けず演劇に打ち込む大学生の青野くん

　人は展開が読めてしまうと「おもしろい！」と思わなくなるようです。推理小説でもスポーツ観戦でもドキドキ・ハラハラするのは「このあと、どうなるんだろう？」と思えるから。優れたアイスブレイクというのは、その展開にみんなが参加できて、しかも「私もこのドキドキにかかわっている」と思える要素があります。

①「ここにいるみんなで協力して、１つの物語をつくってみたいと思います。でも、各自が出せるのは〈１つの文節〉だけです。文節って、わかりますか？〈今日は　朝ご飯に　クリームシチューを　温めて　食べた〉だと、このスペースで区切られた〈今日は〉や〈朝ご飯に〉にあたる部分が文節です。みんなで思いつく文節を出し合って、リレーでつないで１つの物語を創出するという遊びです」と概要を話す。

②「まずは私が最初の文節を言いますね。じゃあ〈その島は〉にしようかな。このあと出席番号順にリレーしていって、最後までいったら、逆順で戻ってきてください。最初にやった私まで戻ってきて、全体で１つの文章にして物語をつくろうと思います。じゃあ、〈その島は〉に続いて、出席番号順で次は井上さん、どうぞ」

③井上「えーと、じゃあ〈南の〉」「おー、いいですね。〈その島は　南の〉ときました。次、出席番号でいうと上野さん」と、流れをつく

る。

④上野「うーん、〈反対側に〉」「はい、次々いきましょう」と促していく。

⑤「おー、これまでになかった、新しい物語が、みんなの協力でできました！　ありがとうございます。今日はこの調子で、みんなで協力して気持ちをつないでいきましょう」などと言って本題に入っていく。

＊青野くんは『インプロゲーム─身体表現の即興ワークショップ』（絹川友梨、晩成書房）を参考に、このアイスブレイクを仕立ててくれました。即興演劇の分野には優れたアイスブレイクが豊富にあります。また、小学校では、「いつ、どこで」など５Ｗ１Ｈを理解する国語の授業で似たワークが行われることがありますね。

＊〈その島は……〉で実際にやったときは、〈その島は　南の　反対側に　たくさん　たまごが　散らかっている　ところに　鳥が　来てそれを見た　狩人が　喜んで　鉄砲を　撃って　落下地点に　穴が掘れた〉と終わりました。〈狩人が〉と出てきたときに、みんなが「わぁ！」と盛り上がったのを覚えています。「ラスト数名でどう収束させるのか？」をドキドキしながら見守って、終わったら「こうきたか！」「おもしろかった」などと口々に言っていました。

＊人数が10名を超えるような場合は、小グループに分けたり、一文ではなく複数の文で完結させるなどの対応もします。

＊青野くんは、オンライン授業で出会った大学生です。コロナ禍ですべての授業がオンラインになり、多くの学生が「オンライン疲れ」している様子でした。そんななか、青野くんは常にハツラツと授業に参加し、質問や発言をしていました。聞けば、学外で演劇をがんばっているとのこと。自分のアンテナを立て、積極性と創意工夫にあふれて授業に臨むその姿に、私は心のアイスをほぐしてもらいました。ありがとう、青野くん！

Part4 チームワークを高めるアイスブレイク

31 チャットでビッグナンバー

効果：チャットに慣れる・チャットだけで盛り上がれる・心理戦を楽しめる
時間：5分
準備：特になし
人数：10〜100人程度まで
教えてくれた人：私が子どもだったら担任してほしい先生「もっちゃん」さん

　オンラインでつないでいる最中にインターネット回線が不安定になってしまったら、真っ先に「カメラをOFF」にするのが賢明な方法です。自分の画像を送らないようにするだけで、インターネット回線や機材への負荷が相当減るからです。

　回線の事情だけでなく、カメラをOFFにした状態で参加している人もいます。そんな人たちともチャットを使って楽しめるアイスブレイクです。

①「これからチャットを使ってちょっとした遊びをしましょう。『チャットでビッグナンバー』といって、〈いちばん大きい数字をチャットに打ち込んだ人が勝ち！〉というシンプルなゲームです」などと言って始める。

②「ただし、数字の上限があります。今日の参加者は15人ですので、上限を10にしましょうか。チャットに入れてよい数字は〈10・9・8・7・6・5・4・3・2・1〉のどれかです。で、〈いちばん大きい数字を入れた人の勝ち！〉です。じゃあ、10を入れたら勝つじゃないかと思うところですが、〈誰かと同じ数字だったら、その数字は無効になる〉というルールがあります。つまり、〈誰ともかぶっていない、いちばん大きい数字を入れた人の勝ち！〉という遊びです」とルールを確認する。

③「まず、チャットに数字を入力してください。数字を入力するだけ
　で、エンターキーは押さないでください。エンターキーを押すと数
　字が送信されてしまいますので。私が〈よーい、ドン！〉と言った
　ら、一斉にエンターキーを押して数字を送信してください。準備は
　よろしいですか？」と確認する。

④「『チャットでビッグナンバー』、よーい、ドン！」と声をかける。

⑤「おおーっと、数字がたくさん出てきましたね。9・8・6・2・
　8・7・6・5・10・8・10・7・5・4・7ですか？　という
　ことは……数字が重複していなくて、いちばん大きい数は……？」
　「9かな」などの声が出る。「そうですね、9が、誰ともかぶってい
　ない、いちばん大きい数字のようですね。はい、9を打ち込んだＡ
　さんの勝利です。おめでとうございまーす！　Ａさん、もしよかっ
　たら勝者コメントをお願いします」などと言って盛り上げる。

＊一度やってみるとわかるのですが、意外に小さい数で勝つ人が出た
　りして、大いに盛り上がります。

＊このアイスブレイクを教えてくれたもっちゃんさんは、コロナ自粛
　期間にもオンラインでおもしろい遊びや学びを小学生に提供し続け
　ていたそうです。とても柔らかい雰囲気で遊び心があり、私が子ど
　もだったら「ぜひ担任してほしい！」と思うような先生です。この
　アイスブレイクは、私も大学の授業などで、よく使っています。

＊同じメンバーで2度、3度やると、みんなどんどん上達していって、
　心理戦のかけひきがおもしろくなります。

＊上限の数をどこにするかで、難易度が変わります。15人なら10を上
　限に、30人なら15を上限に、100人参加なら30を上限にするのが適切
　でしょうか。ぜひ、いろいろ試してみてください。

32 となりのとなり

効果：お互いの名前を覚えることができる・一体感が高まる
時間：15分
準備：名簿の番号などを使って、画面に表示される名前の欄を番号に変える
人数：10〜20人程度
教えてくれた人：オンラインでも元気なパワーをくれるファシリテーターの「ジェイ」さん

　「人の名前を覚えるのが苦手で……」という人は多いです。かくいう私もさっぱり覚えられないタイプです。でも、名前を覚えて相手の名前をスパッと呼べるようになると、お互いの距離はぐっと縮まります。チームワークもだんぜんよくなります。

　みんなの名前を覚えたいときは、この「となりのとなり」です！オフラインでのアイスブレイクでも重宝されている「となりのとなり」を、オンラインでやるとこうなります。

①「このメンバーでこれから一緒に活動していきますので、名前を覚える時間をとりましょうか。『となりのとなり』という遊びです。名簿の順番に、Ａさんから自己紹介していってもらうのですが、次のＢさんは〈ＡさんのとなりのＢです〉、さらに次のＣさんは〈ＡさんのとなりのＢさんのとなりのＣです〉のように増えていきます。わかりますか？」と提案する。

②「このアイスブレイクは、名前を覚えるのが苦手な人にとっては、恐怖かもしれないので、そういう人がいたら、最初に名乗ってもいいです。誰かいますか？　あらＹさん、そうですか。では、Ｙさんから始めて、あとはＡさん、Ｂさんといきましょうかね」などと微調整をしたり、作戦会議をしたりする。

③「では、Ｙさん、〈好きなお菓子〉をテーマに、みなさんに簡単な自

己紹介をお願いします。それと、自分の呼び名に指定があれば伝えてください。苗字でも下の名前でも、ニックネームでもいいですよ」などと促す。

④「ポテチが好きなＹです。よろしくお願いします」などと言うと、Ａさんは「ポテチが好きなＹさんのとなりの、じゃがりこが好きなＡです」と続けます。そして、次のＢさんは「ポテチが好きなＹさんのとなりの、じゃがりこが好きなＡさんのとなりの、みたらし団子が好きなＢです」などとつなげていきます。

⑤「途中で名前が思い出せなくなった人がいたり、お菓子を忘れてしまう人がいたら、みなさん、うまくヒントを出したり、みたらし団子をジェスチャーで伝えたりして助けてあげてくださいね」と助け合う雰囲気をつくる。おもしろいジェスチャーをする人が出てきたりするのを楽しむ。

⑥最後の人まで無事に言えたら、全員で拍手して「みなさん、名前を覚えられたでしょうか？　お互いの名前を呼び合って、チームワークよくやっていきましょう！」などと言って本題に入っていく。

＊オンラインでは物理的にとなりには座っていないので、画面に表示される名前を番号に変えたり、番号を伝えて自分で変えてもらったりします。

＊名前を覚えるのが極端に苦手な人、恐怖を感じる人も楽しめるように、お互いに助け合える雰囲気をつくったり、作戦会議をしたりすることが大切です。

＊キング・オブ・アイスブレイクとも称されるこのアイスブレイクは、お互いの名前を覚えるだけでなく、自分の名前を何度も呼んでもらえるので承認欲求も満たされ、かつチームの一体感も高まります。

＊これを教えてくれた「ジェイ」さんは、大学の授業では初回ではなく、２回目か３回目に実施することが多いそうです。「これからチームに分かれて活動が始まるぞ」のタイミングでするとよいとのこと。

33 オススメ返して自己紹介

効果：関係性が深まる・お互いのことが知れる・心温まる交流
時間：5分
準備：特になし
人数：何人でも
教えてくれた人：豊かな創意工夫で新しいしかけを考える「てつ」さん

　アイスブレイクは、参加者同士の交流を活性化する意味もありますが、進行する人や講師と参加者との間のアイスをブレイクするのにも役立ちます。この「オススメ返して自己紹介」は、これから何らかの情報を得る側の参加者が、講師などに教えてあげることで対等な関係性が生まれる点がおもしろいです。

①「いまから私が自己紹介をするので、みなさんよかったら聞いてください。そして、その自己紹介を聞いて、私にオススメしたくなったマンガを教えてほしいと思います。マンガをあまり読まない人は、絵本やアニメでもＯＫです。チャットに書き込んでくださいね」と予告したうえで、自己紹介を始める。

②例えば、「東京都八王子市に住んでいる○○です。小学校の先生をしています。子どもたちからは『○セン』と呼ばれています。休み時間に子どもたちとサッカーをするのが楽しみです。小さいころからサッカーが大好きで、ガシガシ点をとっていくフォワードタイプというより、うまくパスを通したり、作戦を考えてチームを動かす司令塔的なポジションが好きです。好きなマンガは『ゴルゴ13』とか『信長を殺した男』とかですね。あっ、『鬼滅の刃』も好きです。読んでいて知識が増えたり考えが深まるタイプのマンガと出会いたいです。好物はフルーツ全般ですが、特に梨とマンゴーが好きかな。

将来の夢はマイ果樹園を持つことです。よろしくお願いしまーす！」などと、自己紹介をする。

③「では、いまの自己紹介を聞いて、私にオススメしたくなったマンガや絵本、アニメをチャットに書いてください。おお、さっそく来ていますね。どれどれ？」とチャットを見ていく。すると「サッカーだと『ジャイアントキリング』がオススメです」「果樹園や農園が気になるなら、農業高校が舞台の『銀の匙』がいいかも」「藤堂裕さんがお好きなら△△さんの作品もいいですよ」などと書き込まれるので、それらを見て「おもしろそうですね」「それは読んだことないです。ありがとうございます」など反応を返す。

④「みなさん、たくさんオススメしてくれてありがとうございました。自己紹介に対して、こうやってオススメのマンガが返ってくるのって、とってもうれしいです。さっそくいくつか読んでみます」。

⑤時間がある場合は、「どなたか、いまみたいな感じで『オススメ返して自己紹介』をやってみたい人いますか？」などと言って、参加者の何人かにやってもらっても楽しい。少人数の場合は、全員にやってもらってもよい。

＊講師1人に対して、聴衆が100人以上いる場面でも成立するアイスブレイクです。

＊自己紹介をしたとき、誰かが何かしらの反応してくれるのは、とってもうれしいことです。全員がネットにつながっていて、チャットに書き込めるのがオンライン会議ツールの特徴です。書籍や動画などのリンクも送れます。その特徴をうまく活かしたアイスブレイクだと思います。

＊「マンガ」以外に「絵本」「小説」「映画」「音楽」「ユーチューブ番組」「パワースポット」などを募集しても盛り上がります。

＊せっかくオススメいただいた情報は、「チャットの保存」をお忘れなく。

Part5

ほっとひと息！緊張がほぐれるアイスブレイク

34 今日のおやつは？

効果：ほっとひと息つける・相互理解が深まる
時間：15分
準備：おやつ（各自、おやつで食べたいものを用意してもらう）
人数：何人でも

オンラインで会議や研修、学習をしていると、けっこう頭を使うので脳が糖分不足になりがちです。そんなとき、おやつに勝るアイスブレイクはありません。

カメラもマイクもＯＦＦにして各自でおやつ休憩をとるのもいいのですが、参加者の交流を兼ねて、お互いのおやつを紹介しながらみんなで食べると、わいわいと盛り上がります。

①「開始してから、だいぶ時間が経ちましたね。そろそろおやつ休憩にしましょうか？　事前に〈お手元におやつをご用意ください。みんなでおやつ紹介をしながら、わいわい食べましょう〉とお知らせしておきましたが、ご用意はできていますかー？」と聞いてみる。「冷蔵庫に取りに行ったり、トイレをすませたい人もいるでしょうから、３分後におやつ見せっこタイムにします。一緒に〈いただきます〉しましょう」と少し時間をとる。

②「ではでは、３時も近いので、みんなでおやつにしましょうね。お手元にご用意できましたか？　では、カメラに向けて、今日のおやつを見せてくださーい。おー、Ａさんはシュークリームかな？　いいですね。Ｂさんのそれは何だろう？　手づくりスイーツでしょうか？　いやー、色とりどりでステキですね。せっかくなので、おやつ紹介をぐるっと回しましょうか？　早く食べたいでしょうから、

〈今日のおやつはこれです！〉と手短に紹介してください」とお願いする。

③「ちなみに私の今日のおやつは〈うなぎパイ〉です。先日、浜松の友人にいただきました。このさくさく感が好きです。はい、それではお名前の〈あいうえお順〉で、どうぞ」と、各自のおやつ紹介を促す。

④「いやー、おいしそうですね。〈味はどう？〉とか〈どこで買ったの？〉とか、適当におしゃべりして楽しむ。

＊おやつを手にしていると自然に笑顔になります。その笑顔とおやつのカラフルさは絵になるので、〈いただきます〉の前に記念撮影をするのもいいでしょう。

＊人数が10人以上の場合、小さなグループに分かれて「おやつトーク」を楽しむのもいい方法です。グループ分けは、「和風おやつ」「洋風おやつ」「ちょっと個性的なおやつ」などとしても楽しい。場合によっては、食事制限中の方やダイエット中の方もいたりするので、「ローカロリーの部屋」などを設けて、目の毒にならないように集まってもらうのも「吉」です。

＊「オンライン婚活パーティー」では、初対面の男女が出会い、話し始めるきっかけに、このアイスブレイクをやりました。自然と会話が生まれ、「お互いの人となりが知れた」という声もあり、好評でした。

35 言われてうれしかった言葉

効果：お互いのことを知れる・みんなでハッピーになれる
時間：5分
準備：特になし
人数：5〜20人
教えてくれた人：幸せな離婚を推進する活動をしている「こずー」さん

　他人に「あなたは、変わってますね」と言われて喜ぶ人と、そうでない人がいるそうです。個人的には「マーキーは変わってますねぇ」と言われるとうれしく、ほめ言葉だと思っていたのですが、世の中にはそうじゃない人もいるのですね（汗）。

　言われてうれしい言葉は、人それぞれ。「その人にどんな言葉をかけてあげるのがハッピーなのか」を知るアイスブレイクです。

①「最近、ある人に〈声が低くて、聞いていて安心する〉ってほめられたことがあって、とってもうれしかったです。実は、私は声をほめてもらえることがときどきあって、〈ラジオのパーソナリティーになりたいかも〉って思ったくらいです。もしよかったら、みなさんの、『言われてうれしかった言葉』を教えてもらっていいですか？きっと人それぞれ、うれしいポイントが違うんじゃないかと思っています」と言って話題を切り出す。

②「では、どなたか、『言われてうれしかった言葉』を思いついた人から……」と促すと、たいてい「はい！」と手が挙がるので、その人から話を聞いていく。

③「私は〈○○ちゃんと会うと元気が出るね〉って言われるのがとってもうれしいです。みんなに元気になってほしいから」などのエピソードが出てくる。他にも同僚から〈資料つくるのがうまいね〉とか、

家族から〈毎日つくってくれる卵焼きが美味しい〉と言われてうれしかったなど、言われてうれしかった言葉を伝え合う。
④言葉によっては、「たしかに、○○ちゃんと話してると、元気になる！」などのように、その場で、みんなでその言葉をかけてあげても盛り上がる。

＊「言われてうれしい言葉をかけてもらえた」というのは、「他者から肯定してほしいポイントを肯定してもらえた」ということです。お互いにそのツボがわかっていると、関係性がより深まります。
＊このアイスブレイクをすると、お互いの関係性が温かく、柔らかく、深くなる印象です。旧知の間柄でやっても、効果的なアイスブレイクです。

36 1分をあてよう

効果：目が休まる
時間：2分
準備：タイマーかスマホ
人数：何人でも
教えてくれた人：心やさしい本書の編集者「こばちゃん」さん

　オンラインで接続していると、どうしても目が疲れてきますね。そこで1分間だけでも目を休めるアイスブレイクをどうぞ。

①「だいぶ目も疲れてきたでしょうから、ちょっと目を休めましょうか。これからこのストップウオッチで1分を計ります。時間が見えるように、こうやって画面に出しておきますね（と言って、タイマーや、スマホをタイマー表示させて、カメラのところにかざす）。みなさんは、目をつぶって、目を休めつつ、ちょうど1分だな、と思うタイミングで目を開けてみてください」と提案する。

②「みなさん、マイクはミュートにしておきましょうか。そうすると、自分のタイミングで目を開けたとき〈あっ、おしい！〉とか〈やったー！　ちょうど1分〉などと言ってしまっても、他の人に迷惑をかけません。目を開けたら、どれくらい1分に近かったかは、各自で判断してくださいね。では、計ります。はじめのうちは画面のストップウオッチを見ていてもいいですよ。よーい、スタート！1・2・3・4……と秒数が進みます。はい、では目をつぶってちょうど1分だと思うところで目を開けてくださいね」と1分過ぎるまで待つ。

③1分経ってしばらくしたら、「はーい、みなさん、目が開きましたね。マイクのミュートを解除しましょうか？　いかがでした？」な

どと聞くと「ちょっと早かった！」「80秒近くまでつぶってた」「ちょっと、うとうとしてしまいました」などの声が聞こえる。
④「ありがとうございました。ちょうど1分、目が休まったところで、次の話題に入りましょうか」などと言って、次に入っていく。

＊この「1分をあてる」アイスブレイクは、さまざまなアレンジが可能ですが、こういう工夫をすることで競争っぽくならないバージョンになり、ステキだなと感じました。
＊疲れをほぐすという意味では、「目をつぶっているあいだ、肩こり防止のため肩を上げ下げしてみましょう」とか、「自分で頭皮や肩などをリズムよくマッサージしたり、1秒ごとにタッピングして時間を計ったりする裏技もありますよ」などと提案する方法もあります。1分間のマッサージで確実に目が休まって、血行もよくなり、脳も冴えてきます。

37 イントロ・ドン！

効果：集中力をとぎすます・みんなでわいわい楽しめる
時間：５分
準備：音源が再生できるよう準備
人数：何人でも
教えてくれた人：吹奏楽部出身の手仕事が得意な妙子さん

　みなさんご存じ、馴染みの曲を流して、冒頭の数秒で「あの曲だ！」とあてる遊びです。単純で、楽しめて、心が１つになれる。音楽って、偉大だなぁと感じる逸品です。これをオンラインでのアイスブレイクとして使えると教えてくれた妙子さんは、「高校の吹奏楽部の同窓会をオンラインでやることになったんだけど、どうしたらいい？」と知人から相談を受けたときに思いついたそうです。

①「みんなで、『イントロ・ドン！』をやってみましょう。いまから、みなさんもきっと聞いたことのある曲をかけますので、その曲名をあてるという遊びです。曲名がわかった人は〈はい！〉と大きく手を挙げて答えてくださいね」と説明する。Zoomの場合は「画面の共有」から「詳細」のタブを開き、「コンピューターの音声のみ」を選び「共有」をクリック。音楽プレーヤーを選択して再生すると、参加者に音楽が聞こえる。スマホやＣＤラジカセ（いまとなっては懐かしい）から音を流す方法でもＯＫ。

②「では、かけますよー」と言って冒頭の２秒くらい再生して止める。「はい、ここまででわかった人は？」「えーっ、みじかーい」とか「あっ、あれかも」とかの反応がある。すでに「はい！」という人がいたら、その人を指名する。

③「ちょっと短すぎましたかね。もう１回、冒頭から10秒ほど流しま

すよ」と再生すると、「はい、はい、はーい！」と何人も手が挙がる。「はい、いちばん早かったAさん！」「中島みゆきの『時代』です」「はい、正解！」などと遊ぶ。間違っていたら「ざんねーん！　次の人、Bさん！」と別の人を指名する。

④「もう1曲いってみましょうか。これは、もうちょっと最近の曲ですよ。では、イントロ・ドン！」などと言って、曲をかける。

⑤何曲か遊んだら、「じゃあ最後に流した、懐かしのこの曲をサビまで聞いて、本題に入りましょうか」などと言って切り上げる。

＊選曲が大事です。参加するみなさんが聞いたことのありそうな曲を選ぶのがポイントです。

＊顔や声を出せる参加者が少ないときは、〈曲名がわかった人は、チャットに書き込もう！〉という方法でもできます。

＊音楽プレーヤーを画面共有すると、その曲名などが画面に映ってしまい、クイズにならないことがあります。曲名を「1」に変更するなど準備が必要です。スマホやCDラジカセから音を流す、ちょっとアナログな方法のほうが手軽に実施できるかもしれません。

＊このアイスブレイクを考案した妙子さんは、「正解者に、その曲にまつわる思い出を話してもらったら盛り上がった」とのことです。加えて元吹奏楽部同士ならではの、「楽譜でドン！」も楽しんだそうです。さすがだなぁ。

38 Today's Music

効果：心温まる交流ができる・お互いを知るきっかけになる
時間：5分
準備：特になし
人数：何人でも
教えてくれた人：画面越しにステキな存在感を醸し出していた、ベビーウエアリング講師の「やなぴー」さん

　音楽は、世代や国境を超えてつながれる素晴らしいツール。人の心をリラックスさせたり、元気にしてくれ、アイスブレイクにもってこいです。オンラインでは、つい視覚を使ったものがメインになりがちですので、あえて聴覚を使うアイスブレイクも組み込んでいきたいものです。

　このアイスブレイクは、休憩時間に、みんなで1曲をじっくり聞くというものです。その時間は、なかなかステキですよ。

①「その日の気分によって、聞きたい曲ってありますよね。今日は、どんな気分ですか？　〈いまの心境に近い曲〉、あるいは〈いま、聞きたい曲〉を、みなさんチャットに書き込んでください。ちなみに私は、葉加瀬太郎さんの〈情熱大陸〉がいまの気分です。〈♪チャチャチャーチャーチャーチャーン、チャラチャチャチャチャチャ〉のあれです。朝、今日は元気に始めたいと思うとき、私はこの曲をかけています」

②だんだんチャットに曲名が挙がり始める。「おー、Aさんはサザンオールスターズの〈涙のキッス〉ですか。いいですねぇ。甘くて切ない気分でしょうか？　Bくんは『鬼滅の刃』で有名になったLiSAさんの〈紅蓮華〉ですね。あれを聞くとエネルギーが出てくるっていう人がたくさんいそうですね。Cちゃんの〈ブラックピンク〉って何ですか？　あっ、韓国のアーティストなんですね、知らなかった。

いまちょっとYouTubeでチラ見しましたが、ビジュアル的にもビビッドで刺激が得られそうですね」などと、チャットに書かれた内容を読み上げて反応していく。

③「こうやって曲名を1つ挙げてもらうだけでも、その人となりや、世代や、いまの気分を感じることができて、おもしろいですね。では、ちょうどこれから10分間の休憩に入りますので、休憩時間のあいだみなさんが書き込んでくださった曲のなかから1曲お届けしましょう。Dさんが書いてくれたショパンの〈革命のエチュード〉を流したいと思います。Dさん、もしよかったら曲紹介をお願いします」と言って、簡単に曲の紹介をしていただき、「ではみなさん、10:40まで休憩です。ショパンを聞きながらリラックスしてお過ごしください」などと休憩に入る。

＊オンライン会議ツールを使って、音源をみんなに聞いてもらうには、ちょっとしたコツがいります。「37 イントロ・ドン！」を参照してください。

＊参加者に音源共有のやり方をお伝えすることで、「私の好きな曲紹介」というアイスブレイクも展開可能となります。どんな曲なのか、なぜおすすめするのかなどをプレゼンしてもらい、〈この人のおすすめの曲を聞いてみたい〉という曲を決め、流してもらうというパターンもありです。

＊「音楽トーク」は話が尽きませんので、小グループに分かれて〈いまの心境に近い曲〉や〈私の好きな曲〉を紹介しあい、盛り上がるのもいいアイスブレイクになります。特に、同世代で同じようなアーティストが好きな人と語り合えるのは楽しいです。異世代との交流で、ふだん聞かない音楽と出会えるのも、またよしです。

39 Zoomでズーム

効果：みんなで１つのことに注目する・カメラ機能を使いこなす
時間：２分
準備：見せたいもの（みんながよく知っているもの）
人数：何人でもOK
教えてくれた人：土佐山アカデミーのアイデアマン「しんさく」さん

　「オンラインならではのアイスブレイクは？」と聞かれたときに紹介するのが、このアイスブレイク。オンライン会議は、カメラ付きのパソコンやスマホで参加するのが特徴です。それを利用するアイスブレイクです。「オンラインで使えるアイスブレイク100連発！講座」で、「いま思いついたものでもいいから、失敗OKで、試しにやってみよう」というグラウンド・ルール提案をしたとき、高知県から参加してくれていた、しんさくさんが考え出してくれたアイデア。すごいぞ、しんさく！

①「ではみなさん、これからあるものを見せますので、それが何か、あてっこをしましょう。きっとみなさんがご存じのものです。何かわかったら、口頭やチャットで〈わかった！〉とか〈あれかな？〉〈これかも？〉とつぶやいてください。答えは、みんなで〈せーの！〉で言います。少し準備がいるので、いったんカメラを切ります」と言って、自分のカメラを停止する。

②見せたいものをカメラに完全密着させて、カメラをONにする。すると画面に真っ黒い何かが映る。「はい、では、あててください。これは何でしょう？　うーん、画面が暗くてよくわからないですかね。実はいま、見せたいものをカメラに密着させているんです。これから少しずつカメラから離していきますので、見えてきたら、

口々に、あるいはチャットで〈あれかな？〉〈これかも？〉と言い合ってください。答えはまだ言わないでくださいね。オンラインならではの『Zoomでズーム』という遊びです」。

③カメラから１cmくらい離して、まだ完全には見えないあたりで発言を促す。「これでちょっと見えてきました？　何だと思います？」などと投げかけると、「赤い文字が見える」「漢字かな？」「さんずい？」「鳥？」などと出てくる。見せたいものを上下左右に動かすのもよい。

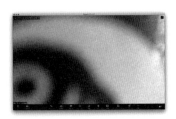

④さらに１cmほど離すと、だんだん声が増えてくる。「あーっ、あれかも」「見たことある」「私わかった！」など出てきたら、「では、正解だと思うことをみんなで言ってみましょう。せーの！」などと促す。

⑤「蚊取り線香！」という声が聞こえてきたら、「はい、正解！　ね、見覚えあるでしょ？」とさらにカメラから離して、全体像を見せる。

＊「今日は、『伝染病と公衆衛生』というテーマで話し合いますので、蚊取り線香に登場してもらいました」などと、アイスブレイクのあとの本題と関連あるものを使うのも効果的です。

＊「どなたかやってみたい人は？」と、誰もが出題者になれるように展開するのも楽しいです。

＊「そんなの見たことないなぁ」というマニアックなものだと、クイズとして成立しません。みんなが知っていたり、見覚えのあるものがいいでしょう。例えば、テレビのリモコンで実施したとき、どの家にもあり見覚えがあるはずなのに、アップだとなかなかわからず、盛り上がりました。

40 喜怒哀楽コール

効果：声を出せる・親密度が深まる・名前を覚えられる
時間：5分
準備：特になし
人数：5〜20人
教えてくれた人：大きな包容力と突破力が魅力の「横浜umiのいえ」
　　　　　　　　女将・齋藤麻紀子さん

　まだ小学生だったころ、家に帰ると母親に「まさゆき、ちょっと来なさい」と低い声で呼ばれた瞬間に、「あぁ、怒られるんだな」と思いました。案の定、宿題をやってないのがバレて、こっぴどく叱られたわけです。ただ名前を呼ばれただけなのに、そこには人の感情が乗っているもの。そこで、「ある感情を乗せて、誰かの名前を呼んでみると、どんなふうになるのかな？」を楽しむアイスブレイクです。

①「自己紹介もすんで、お互いの名前もわかってきましたね。次は、ちょっとだけ感情を込めて、みなさんの名前を呼んでいきたいと思います。子どものころ、親に叱られるときに呼ばれた名前のトーン、覚えていますか？　はい、あれです。ほめられるときも、叱られるときも、同じ〈まさゆき〉という4文字なのに、叱られるときは背筋が凍るような思いで聞いた記憶があります。あれは〈叱るぞ！〉という気持ちを込めた名前コールですよね。それ以外にも〈びっくり〉して呼ぶとか、〈大好き〉な感じで呼ぶとか、〈危ない、止まれ！〉という気持ちを込めて呼ぶとか、いろいろな感情を込めて名前を呼ぶことができます。ちょっとやってみましょうか。まずは〈久しぶりに会えてうれしい〉という気持ちを込めて、名前を呼んでみましょう」

②「まず、やってみますね。わぁ、まきこさーん！」「おー、マーキ

ー！」と返ってくる。「こういう感じです。ちょっと、みなさんで回してみましょう」と言って、みんなに体験してもらう。回し方は、例えば最初に誰か（Aさん）を指名し、Aさんが誰か（Bさん）の名前を呼んだら、BさんもAさんの名前を呼び返す。次にBさんが誰か別の人（Cさん）の名前を呼び……と、参加者にゆだねる回し方がある。名簿が共有されているときは名簿を使ったり、名前の前に順番の番号を振ったりしてもよい。

③「次は、ちょっと泣き顔で〈悲しいよー〉という気持ちを込めて名前を呼んでみましょうか」「さっきと全然違うトーンですね」などと遊ぶ。

④「他にはどんな感情が込められそうですか？」と、込めたい感情を募集して、それでぐるりと回してもよい。

＊このアイスブレイクを実施すると、ぐぐっとお互いが親密になります。喜怒哀楽、どれを乗せて名前を呼んでも、それが演技であり、遊びであることがお互いわかっているので、笑って終わることができます。

＊発達障害等で相手の感情がわかりにくかったり、そもそも感情表現が平坦な人もいるので、感情の込め方にはあまりこだわらないようにします。

Part5 緊張がほぐれるアイスブレイク

41 草木のちから

効果：ほっとひと息つける・やさしい気持ちになれる
時間：5〜10分
準備：お気に入りの植物を、画面に映るように配置する
人数：何人でも

　会議室を借りて講座をするとき、私の妻は小さな瓶などに野の花を
1つ活けて、受付やお茶コーナーに置いてくれます。緊張してどきど
きして会議室にたどり着いた参加者が、その心づかいにほっとする様
子を幾度も見てきました。

　オンラインでも花や草や木が持つ存在感は、やさしく人の心をほぐ
してくれます。ぜひ画面に登場させたいものです。

①特に話芸のいらないアイスブレイク。オンライン状態にする前に、
　自分が座る位置が決まったら、自分のカメラで映る範囲を確認し、
　お気に入りの植物を配置する。

②季節を感じる花、紅葉した枝などを置くのもグッド。画面の向こう
　の人に「あぁ、もう○○の季節だなぁ」と感じてもらうだけで、殺
　風景なオンラインの画面が居心地のいい空間に変わる。

③庭がある家や、窓からの景色を見せられる場合は、それらを活用す
　るのもあり。「静岡県より富士山をバックにお届けしています」と
　か、「うちの近所の街路樹のイチョウが色づいてきました」と見せて
　くださる人もいた。

④自身がオンラインに不安を感じる場合は、自分が気に入っている鉢
　植えや観葉植物を目の前に置くと、安心できることもある。パソコ
　ンの横など、相手に見えない位置に植物を置いて、オンラインに疲

れたらその草木を眺めるのもいい。まずは自分自身のアイスをブレイクすることが肝要。

⑤ もしも草木が話題になったら、お互いの画面に見える草木などの話をすると、ほどよい交流になる。茶道では、主人が用意した掛け軸や活けた花から、客人が感じたことを交わし合うのも常らしい。オンラインでも、そういう心温まる交流ができたらステキだなというアイスブレイク。

＊アイスブレイクというと、体を動かしたり、声を出したりする、アクティブなものをイメージする人が多いと思います。実際、そういうものが多いのですが、人の心がほぐれるのは、主人（ホスト）の気づかいを感じたり、画面の向こうの人となりを自然に感じられたりしたときかもしれません。

＊カメラで室内を映すのが難しい人は、お気に入りの植物や自然風景の写真をバーチャル背景にして、みんなにお届けする手もあります。

42 ネコ紹介

効果：みんなのテンションが上がる・ほっとひと息つける
時間：2分
準備：特になし
人数：何人でも
教えてくれた人：お酒とネコが好きなITのプロ「TKD」さん

　あるIT企業のオンライン会議を進行していたら、凄腕のエンジニアさんのお宅で飼っているネコちゃんが、画面の横を通り抜けるということが起こりました。すると、なんとなく硬い雰囲気だった会議が、「あー、ネコちゃん！」「かわいー！」「○○さんネコ派ですか？　私もそうなんですよ」と、急にみなさんが活気づいたのです。

　「ペットの存在は大きい」のです。特にネコ。存在自体がアイスブレイクです。

①「ペットは、それ自体が場を和やかにしてくれる存在ですよね。みなさんのなかで、ご自宅にネコを飼っている方はいらっしゃいますか？　もしいらっしゃったら、ちょっと紹介してもらえませんか？」と聞いてみる。

②すると「あっ、じゃあうちのを出しましょうか」と見せてくれることがほとんど。無理のない範囲でご出演いただく。

③「かわいい！」「お名前は？」「何歳ですか？」「どんなものを食べているんですか？」など質問をしながら、そのネコちゃんに関するトークを楽しむ。

＊ネコが画面に出てくると、一気に和んで、いいアイスブレイクになります。人間の自己紹介より「ネコ紹介」のほうが和むかも。写真

はそのとき登場してくれたネコちゃんです。
* もちろん、「ネコ紹介」だけじゃなく「イヌ紹介」でも「カメ紹介」でもOK。九官鳥を紹介してくれた人もいました。
* コロナ自粛期間中は、ファシリテーター仲間と「どうぶつ会議」なるものを開催。画面に動物が登場することで、明らかに人の脳は喜び、癒され、気持ちがやさしくなるようです。ぜひみなさんも、オンラインの画面上に動物を登場させてみましょう。人間以外の視点を得られること間違いなし、です。

43 ドリンク・トーク

効果：ほっとひと息つける・のどが潤う
時間：3分
準備：「何か手元に飲み物を」と事前にアナウンスしておく
人数：5〜20人程度

　オンラインで1時間以上つなぐ必要があるときは、私は必ず手元に
ドリンクを用意しています。最近のお気に入りは、保温ポットにハー
ブティーを入れたものです。温かい飲み物を飲むと、ほっとしますね。
オンラインで参加してくださるみなさんにも「何か手元に飲み物を」
と事前に伝えるようにしています。

①「オンラインでつないでいると、けっこうのどが渇きますね。もしよ
　かったら、みなさん、途中で何か飲んでください。ちなみに、みな
　さん、どんなドリンクを用意していますか？　もしよかったら、ち
　ょっと見せてくださいませんか。私は水筒にハーブティーを入れて
　います」と促す。
②「Aさん、それはペットボトルのお水ですね。Bさんは珈琲？　いい
　ですねー。Cさんのは、もしかしてプロテインですか？　さすが筋
　トレ女子ですね。他にもちょっと紹介していただける人がいます
　か？」などと話題を振る。

＊「感想を話す際に、何か飲み物をひと口飲んでから発言してもらう」
　というふうにしてもいいでしょう。緊張している人は、飲み物を飲
　むタイミングが見つけられなかったりもします。こんなふうに飲む
　きっかけをつくってあげると飲みやすいです。

Part6

終わりよければすべてよし！
解散時に使えるアイスブレイク

44 一人一言（チェック・アウト）

効果：お互いのことをより深く理解して、お別れできる
時間：10〜20分
準備：特になし
人数：5〜20人

　オンラインでの集まりの最後に、一言、みなさんから言葉をいただくことが多いです。会の内容などによっては、「できてしまったアイス」がある場合があります。会の終わりにそのアイスについて語れたりすると、一気にほぐれるのです。同じ時間を過ごしてきた仲間が、「あぁ、そんなふうに感じていたんだ」と思える瞬間で、私はこの時間が好きです。

①「本日はご参加くださり、ありがとうございました。今日はオンラインの講座にしては長丁場でしたね。最後に、もしよかったら、みなさんから一言いただいて終わりたいと思います。どんなことでもけっこうです。参加してみての感想なり、心にあることなり、時間中ずっと気になっていたことなど、ご自由にどうぞ。残り時間が12分ほどあります。もしかしたら時間になってしまい、全員の方が発言できないかもしれませんが、時間のかぎり、うかがいたいと思います。では、お話しできる支度の整った方から、どうぞ」などと始める。
②すると誰かが手を挙げたりするので、「では、○○さん、どうぞ」などとお願いする。「○○です、今日は参加できて、よかったです。私がすごく気になっていた△△について話し合えたのが収穫でした」などの話が聞ける。
③なかには「ずっと気になっていたのですが、みなさんが盛り上がっ

て話している『鬼滅の刃』のこと、私は何も知らなくて、ちょっと疎外感がありました」とか「進行の人の言葉づかいが荒っぽいので驚きました」など、会全体や進行に対するフィードバックが出ることもあるので、それらも含めて真摯に受け止める。

④全員の発言が終わるか、時間になったら、「ご発言くださったみなさま、ありがとうございました。そろそろ、閉会の時間となりましたので、今日はここまでにしましょうか」などと言って終える。開催側の講師やファシリテーターが、この時間を通じて感じたことを話すのもよい。

＊⑩で紹介した、冒頭に行う「一人一言（チェック・イン）」と呼応するように、終わりの一言を聞くのは、とても味わい深い時間です。ここもファシリテーターによって進め方の個性が出るところです。私自身は「残り時間○分ありますから、一人△分で、全員どうぞ」とするより、「残り時間○分ありますから、お話しされたい方だけ、どうぞ」とするほうが好きです。

＊深い議論をしたり、ディープな体験をした直後は、「なかなか言葉にならない」という参加者もいます。ですから、「無理に言葉にしてもらわなくてもよい」と思っています。そのため「お別れの挨拶でも、感想でも、自分自身の気づきでも、何でもどうぞ」的な、フリーな投げ方をすることが多いです。

＊きっちりと結果を出していくタイプのファシリテーターは、「みなさん、行動こそが重要です。〈明日から私は○○をします！〉と宣言して終わりの言葉としましょう」といった声かけをする場合もあります。このあたりは、個性というか、終わりの場をどのようにとらえているかがよく表れ、興味深いところです。どのやり方が正解というものはなく、それぞれのファシリテーターの場づくりに対する思いがにじみ出る瞬間です。ぜひ、みなさんもいろいろ工夫してみてください。

解散時に使える

Part6 解散時に使えるアイスブレイク　113

45 感じていること円グラフ

効果：お互いのことをより深く理解して、お別れできる
時間：10〜20分
準備：各自が紙とペンを用意
人数：5〜20人
教えてくれた人：快活にかかわり場をつくることができるファシリテーター「さよぽん」さん

　以前、「オンラインで使えるアイスブレイク100連発！講座」を1日開催してきて、終盤にこれが出てきたとき「あぁ、これは本当に秀逸な終わり方だなぁ」と思えました。

　それぞれの人が感じていることを、お互いに知ることができるって、豊かなことですね。「みんなはどんなふうに感じているんだろう？」と気になっているとき、それを知ることができるとほっとするのが人の心。終盤によい交流ができる、ナイスなアイスブレイクです。

① 「そろそろこの会も終わりに近づいてきました。いま、みなさんが感じていることを、ちょっとシェアして終わりにしましょうか。お手元の紙に、みなさんがいま感じていることを円グラフにして、見せ合いたいと思います。例えば、こんな感じです」と、自分が書いた円グラフを見せる。

② 「やっぱり〈やり方とあり方って本当にリンクするんだなぁ〉と感じました。これが6割がたですね。あと〈気づかいができる人になりたい（反省）〉が2割と、〈記念撮影しない？〉と〈お腹すいた！〜晩ご飯どうしよ？〉がそれぞれ1割です」などと例示する。

③ 「ちょっと時間をとりますので、それぞれ自分自身に〈どんな感じかな？〉とたずね、円グラフを書いてみてください」と言って数分の時間をとる。

④「そろそろできましたでしょうか？ もしよかったら、カメラに向けて、みんなに見えるようにしてください。わぁ、いろんな円グラフがある！」としばし、眺める。

⑤「この人のお話を聞きたいとか、ありますか？」などとフリートークをしてもいいし、「ブレイクアウトルーム」などで、小グループに分かれて話してもよい。

＊その人が感じていることを、自由に書ける・描けるのがとてもステキな手法です。しかも、それが割合で伝わってくるので、質も量も味わい合うことができます。

＊このアイスブレイクを教えてくれたファシリテーターのさよぽんさんは、いつもアイデア豊富で、楽しく、よい場がつくれるお方。かくありたいです。

46 放課後タイム

効果：リラックスして雑談できる
時間：20分程度
準備：特になし。事前に「放課後タイム」があることを案内しておくとベター
人数：何人でも

　「オンラインだと会が終わったらぷつっと切れてしまって、さみしい」「余韻や、終わったあとに雑談したり飲みに行ったりできないのが残念」という声をよく聞きます。そこで、会が終わったあとに放課後の時間をとると、オフィシャルな時間が終了した安堵感からか、一気にアイスがほぐれることもあります。あらかじめ「○時○分終了です。終了後、希望者で放課後の時間を20分とります。お時間が許す方は自由に交流してください」などと、事前案内しておくといいです。

①「では、これにて解散の時間ですね。みなさん、今日はありがとうございました。事前に案内しましたように、これから『放課後タイム』をとります。お急ぎの方はこれにて退出してくださってけっこうです。残ってちょっとお話ししたいなという方がいたら、無理のない時間だけどうぞ。私は使った機材の片づけなどをしていますので、自由に〈○○さん、久しぶりー〉とか〈△△の話がおもしろかったね〉とか、やってください。何か必要なことがあったら声をかけてくださいね」と言って、片づけものをするのがよい。これまで場を取り仕切っていた人がいなくなると、ホントのところを話しやすくなる。

②あるいは、「あー、今日は画面共有のときのパソコンが固まってしまって焦りましたよ。失敗、失敗。音声も流そうとして、欲張りすぎ

ましたね」などと、失敗したことや率直な感想を、モードを変えて語ってもよい。すると他の参加者も「そうだそうだ、あのときこうだったね」などと話題が出てきやすい。
③場合によっては「○○さん、お久しぶりです。今日の会はどうでしたか？」などと率直に感想を聞いてもよい。
④時間になったら「お話は尽きませんが、そろそろ『放課後タイム』もおしまいにしましょうか」などと言って終える。

＊「放課後タイム」は、人と人とがつながったり、率直な感想が語り合えたり、本題中は話せなかった「○○さんの部屋の本棚がとっても気になってました」みたいな話ができたりして、豊かな時間になることが多いです。
＊人数が多いときは、「ブレイクアウトルーム」などの機能を使って、少人数で話したい人とおしゃべりできる場にしてもいいと思います。

Part6 解散時に使えるアイスブレイク

47 名無しの感想タイム

効果：一気に本音が出る
時間：1分
準備：特になし
人数：何人でも
教えてくれた人：オンライン講座で知り合ったどこかの大学生

　話し合いや学習の終盤になって「今日はどうでした？」と感想を聞いても、「よかったです」「ありがとうございました」くらいで、あんまり本音が出てこないなと感じたときは、このアイスブレイクの出番です。

①「本日はご参加ありがとうございました。あと10分ほどでお別れの時間ですね。今日の感想など、うかがっていきましょうか？」と促す。自然とぽんぽん出るようだったら、このアイスブレイクは不要。でも、ここまでで「できてしまったアイス」で、ちょっと感想が出にくいようだったら、「ちょっと変わった方法ですが、こんな方法で感想を聞いてもいいでしょうか？」と提案する。

②「みなさん、『名前の変更』機能は使えるでしょうか？　そう、自分の名前の表記を変える機能です。慣れてない人はお伝えしますから言ってくださいね。『参加者』のボタンを押して、自分の名前を見つけてクリックすると名前を変更できます（「7 調子はどう？」参照）。この機能を使って、全員が〈名無し〉になってみましょう。ちょっと、私からやってみますね」と例を見せる。

③「はい、これで私は〈名無し〉という表記になりました。これでチャットを書いてみると、〈名無し〉さんが書いたことになります。試しに書いてみましょうね」と言って、チャットに何か今日の感想を率

直に書いてみる。

④「ご覧のとおり、全員が〈名無し〉になると、誰が何を書いたかわからなくなります。いわゆる匿名性が高くなる、というやつです。どんなことでもかまいません。耳の痛いことも聞きたいと思います。本日の率直な感想を〈名無し〉さんになって書いてみてください」とお願いする。

⑤すると、次々とチャットが届く。１つ１つ読み上げるなり、「あぁー、そうですねー、そこ配慮できていませんでしたね。次回からは気をつけます」などと、感想を受け取るコメントをする。自分自身も率直な感想を続いて投稿してよい。

＊チャットは便利な機能ですが、「誰が書いたか」がはっきりと伝わるという特徴があります。また、通常、送信先は「全員」ですので、書き込むと即座に全員に流れ、失言してしまった際に取り消しにくいという特徴もあります。そこで全員が〈名無し〉になることで、心理的ハードルが下がって、一気に書きやすくなります。

＊オンラインでお別れ前に、記念撮影する場合も〈名無し〉のほうがかえって都合がいい人もいます。その場合は「このまま記念撮影に移ります。〈名無し〉から自分の名前に戻したい人だけ戻してください」と促すのもありです。なお、記念撮影に映りたくない人もいますので、「記念撮影に映りたくない人は、カメラをＯＦＦにしてください」と伝えます。

＊お互いの信頼関係ができていないときに、このアイスブレイクを実施すると、心ない投稿が出てくる可能性があります。ある程度、お互いの信頼関係ができてから導入したほうがよいかもしれません。

解散時に使える

Part6 解散時に使えるアイスブレイク　119

48 キャンドル・トーク

効果：心落ち着く時間になる
時間：3分
準備：キャンドルとマッチなど
人数：何人でも

「火を見ると落ち着く」という人はとても多いです。おそらく人類の古い記憶とつながっているのでしょう。「キャンプで焚き火」と聞くとちょっと心が躍ったり、寝る前にYouTubeで焚き火の動画を見る習慣がある人もいるようです。

焚き火とまでいかなくても、ゆらめく炎を見るだけで、実に心が落ち着くもの。それはオンラインでも可能です。キャンドルを1つ用意し、ゆらめく炎をみんなで見つめるだけで、アイスブレイクになります。

①「では、ちょっと心落ち着かせるためにも、ひと息つきましょうか。ゆらぐ炎を見ると、人は落ち着いたり、心温まったりするそうです。ここにキャンドルを用意しました。火をつけますので、もしよかったらご覧ください」と部屋の照明を少し暗くして、キャンドルに火を灯す。

②「ゆらめく炎を見て、深呼吸してみましょう。すーー、はーー。今日、話し合ってきたこと、考えたことを、少し落ち着かせましょうか。時間をとりますので、キャンドルの炎を眺めながら、〈今日はどんなことを感じたかな？〉と味わってみてください」と数分の時間をとる。

③「ありがとうございました。それぞれ、心落ち着いたところで、一人

一言、感想をうかがってまいりましょう」などと言って、感想タイムに入っていく。

＊「家にキャンドルがある方は、どうぞ自分のパソコンの前で灯してみましょう」とすると、さらに味わいが深まります。
＊画面に映る他人や自分の顔を正面から見続けると、どうしても疲れます。ゆらぐ炎をみんなで見るだけでアイスブレイクになっていく、不思議な時間です。言葉少なめに、ぜひお試しください。

49 お手を拝借

効果：気持ちよく散会できる・一体感を味わえる
時間：1分
準備：なし
人数：何人でも

　「感染予防のため大規模な懇親会ができないので、組織全体の一体感がつくりにくい」という相談を受けることがあります。たしかに、リモートワークやリモート研修会が増え、懇親会や歓送迎会なども減ると、一体感をつくっていくのはなかなか難しいですね。
　そんなとき、オンラインでの集まりのあと、古式ゆかしき「お手を拝借！」とやると、なかなかな一体感を味わうことができます。

①「それでは、まもなくお別れの時間ですね。従来でしたら、続きは懇親会で、という流れになっていたかもしれませんが、今回はオンラインで、〈一丁締め〉をしたいと思います。みなさま、大変恐縮ですが、お手を拝借願えますでしょうか」と、手のひらを大きく開いてみせる。

②「手締めのやり方は地方によっていろいろあるようですが、オンラインではタイムラグがありますので、三本締めは、難易度が高いです。そこで、〈よーぉお、ポン！〉と1回だけ叩く〈一丁締め〉でお願いします。〈関東一本締め〉と言ったりもするそうですね。お支度はよろしいですか？」とみんなを見渡す。

③「みなさまのご健康とご多幸、そして事業の発展を祈念いたしまして、一丁締めを行います。お手を拝借、よぉーーーーおっ！　ポン！」と叩く。

④すかさず「ありがとうございましたーーーー！　みなさま、どうぞお元気で」などと感謝の気持ちを伝えて、みんなで拍手しておしまい。

＊オンラインでは多少のタイムラグがあるのは仕方ないので、「厳密にばっちりそろったか？」を吟味・確認しないほうがいいです。すぐさま、「ありがとうございました」や、拍手に入るのが「吉」。

Part6 解散時に使えるアイスブレイク

50 鐘ひとつ

効果：心が落ち着く・静かな時間が味わえる
時間：1分
準備：チベタンベルなど、よい響きの鐘
人数：何人でも

　鍼灸師をしている知人が「オンラインは、頭に血が上りやすい」と
言っていたのが印象に残っています。慣れないオンラインで、心がざ
わざわし、緊張したり、パニックになっている人もいるようです。会
の始まりや終わりに、しっかりと心を落ち着ける瞬間をつくりたいと
きは、このアイスブレイクがいちばんです。

①「では、ここまでご一緒してきて、あと数分でお別れの時間です。今
　日やってきたこと、話し合ったことのおさらいもすみましたね。あ
　とは、それぞれの持ち場で自分がやるべきことをやっていきましょ
　う。お別れにひとつ、みんなで鐘の音を聞いてみようと思います」
　と言ってチベタンベルを見せる。「この鐘は、チベタンベルとかティ
　ンシャと呼ばれ、チベット仏教で使われている法具です」など、鐘
　の解説をしてもよい。

②「この鐘の音を、心を落ち着けて聞く、ただそれだけしてくだされば
　と思います。慣れないオンラインでここまでの時間、よくぞ集中を
　切らさずに参加してくださいました。みなさまへの感謝と、これか
　らへの切り替えのためにも、どうぞ心を落ち着けて聞いてくださ
　い。通信の環境によっては、ちょっとしか鐘の音が聞こえないかも
　しれません。そんな人も、この鐘が長く鳴っているのを、心の耳で
　聞く感じでイメージしながらお過ごしください」などと言ってチー

ンと鳴らす。
③十分に余韻の時間をとってから、「ありがとうございました。ではまた会いましょう。お元気で」などと言ってお別れする。

＊ここでは会の終わりにやるバージョンを紹介しましたが、会の始まりにこれをやると、心が落ち着いた状態で始められます。
＊Zoomの場合、オーディオの詳細設定で「音楽モード」を選択することで、よりしっかり楽器の音が伝えられるので、試してみてください。
＊アイスブレイクというよりクールダウンの要素が多く含まれています。それを考慮のうえ、必要に応じて行うのがいいと思います。

あとがき

「毎朝5時前に起きて、1日2本、オンラインで使えるアイスブレイクを書こう！」と決意したのは2020年11月のことでした。なんとか50本のアイスブレイクを紹介できるところまでこぎつけました。最後まで読んでくださり、本当にありがとうございます。

いま、この「あとがき」は、北海道に向かう飛行機のなかで書いています。

新千歳空港で降りたあと、レンタカーを借りて北海道の北西部にある寿都町に向かう予定です。この町は2020年の秋に、高レベル放射性廃棄物の地層処分に関する文献調査に手を挙げてニュースになった町です。日本中で発電のために使われた原発由来の核廃棄物、いわゆる核のゴミの処分候補地として注目され、地域住民のなかで緊張が走っています。

そんななか、寿都町のお母さんたちから「安心して、話し合える場をつくりたい」と相談があり、急きょ現地に向かうことになりました。オンライン会議が便利で楽になればなるほど、リアルな会議は「より貴重で、大切な場」になりそうです。

新型コロナウイルスであれ、核のゴミであれ、人々にとってセンシティブな問題が立ち上がったとき、「アイス」はより深く、厚く存在することになるでしょう。それらを何かしらの工夫で「ブレイク」しながら、その土地に住むみなさんが安心して思うところを話せるようにと願って、現地に向かっています。「どんなふうにアイスブレイクしようかな」「どんな進行にすると、みんなが安心して話し合えるかな」、

そんなことを考えながらの道中です。

　オンラインでも、リアルの対面の場でも、これまで以上にアイスブレイクが必要とされているように感じます。この本を読んでくださったみなさまと一緒に、世の中にあるアイスを1つでもブレイクしていけたらと思います。それぞれの持ち場で、共に尽力してまいりましょう。

　この本を読み、オンラインでアイスブレイクしてみた感想や質問、困ったことなどがありましたら、いつでもメール（marky@aokiworks.net）をいただければと思います。この本を介してみなさんと出会えることは、大きな喜びです。

　最後に、編集を担当してくれたほんの森出版の小林敏史さん、イラストを書いてくれた志賀壮史さん、ステキなアイスブレイクを教えてくれたみなさん、そして、いつも心から支えてくれる妻に感謝して、筆を置きたいと思います。ありがとうございました。

2021年1月6日

青木　将幸

青木 将幸（あおき まさゆき）
オンライン会議ファシリテーター

　1976年熊野生まれ、淡路島在住。2003年に青木将幸ファシリテーター事務所を設立。家族会議から国際会議まで、さまざまな会議の進行役として全国各地を飛び回ってきた。しかし、新型コロナウイルスの影響ですべての仕事がキャンセルになり途方にくれる。

　2020年4月から「オンライン会議ファシリテーター」として出直すことを決意。以来、仕事の9割をオンラインに切り替え、オンライン会議のファシリテーションや導入支援を行っている。「オンライン会議を体験しよう」や「オンラインで使えるアイスブレイク100連発！講座」などのワークショップを主催。

　軽井沢風越学園の評議員、南あわじ市教育振興基本計画の策定委員などをつとめ、教員のためのオンライン・ファシリテーション講座も引き受けている。

[おもな著書]

『市民の会議術 ミーティング・ファシリテーション入門』ハンズオン！埼
　玉出版部、2012年

『リラックスと集中を一瞬でつくる アイスブレイク ベスト50』ほんの森出
　版、2013年

『マーキーのこんな会議を見た!! やってみよう、ファシリテーション』東京
　ボランティア市民活動センター、2016年

『深い学びを促進する ファシリテーションを学校に！』ほんの森出版、2018年

イラスト：志賀壮史 ファシリテーション・グラフィックを活用して環境
　教育・環境保全に取り組む。NPO法人グリーンシティ福岡理事。

オンラインでもアイスブレイク！ ベスト50
不慣れな人もほっと安心

2021年3月15日 初 版 発 行

著 者 青木将幸
発行人 小林敏史
発行所 ほんの森出版株式会社
〒145-0062 東京都大田区北千束3-16-11
TEL 03-5754-3346 FAX 03-5918-8146
https：//www.honnomori.co.jp

印刷・製本所 研友社印刷株式会社

ⓒ Masayuki Aoki 2021 Printed in Japan ISBN978-4-86614-121-3 C3037